MÉMOIRES

DE

LA TRÉMOUILLE.

Ce Volume fait partie de la *Collection des Mémoires relatifs à l'histoire de France,* publiée par M. Petitot, ouvrage devant former environ 80 vol., et pour lequel on souscrit chez J. L. F. Foucault, libraire, rue des Noyers, n.º 37, à Paris.

LE PANÉGYRIQUE

DU

CHEVALIER SANS REPROCHE,

OU

MÉMOIRES DE LA TRÉMOUILLE,

Par JEAN BOUCHET.

PARIS,

J. L. F. FOUCAULT, LIBRAIRE,

ÉDITEUR DE LA COLLECTION DES MÉMOIRES RELATIFS A L'HISTOIRE
DE FRANCE,

RUE DES NOYERS, N.º 37.

1820.

NOTICE

SUR JEAN BOUCHET.

Jean Bouchet naquit à Poitiers en 1476. Quoique passionné pour les lettres, il prit dans sa ville natale l'état de procureur qu'avoit exercé son père. Il paroît qu'il s'attacha très-jeune à Louis de La Trémouille, dont la famille résidoit à Thouars, l'une de ses principales propriétés. Chargé des affaires de cette famille, il contribuoit aussi à ses plaisirs. Son talent pour la poésie, fort admiré dans le temps, son esprit aimable et enjoué, le firent goûter par Gabrielle de Bourbon, épouse de La Trémouille, femme aussi sage que belle, et qui cultivoit elle-même la littérature. Admis dans la société intime de ce château, il y rappeloit souvent le souvenir des anciens troubadours, en chantant des ballades, et en récitant des poèmes allégoriques, dont les allusions étoient toujours flatteuses pour les dames. Ses qualités solides l'avoient fait considérer non-seulement comme un convive agréable, mais comme un ami de la maison; titre que les grands n'accordoient alors que rarement à leurs inférieurs.

La confiance qu'il inspiroit au seigneur de La Trémouille et à son épouse, lui fit confier l'éducation du prince de Talmont, leur fils unique. Ce jeune homme partagea les sentimens de ses parens pour Bouchet, et, lorsqu'il eut passé l'âge des études, il devint son protecteur et l'admirateur ardent de ses ouvrages. Il l'auroit comblé de bienfaits, si, à peine âgé de trente ans, il n'eût pas trouvé la mort dans les combats.

Bouchet, désespéré de cette perte, essaya, mais en vain,

de consoler la malheureuse mère. Leur première entrevue fut des plus touchantes. « Ah ! Jean Bouchet, lui dit-elle, « que dites-vous de mon malheur et de l'irréparable perte « de notre famille ? Ne m'aiderez-vous pas à soutenir le « faix de ma douleur, vous qui participez en la perte ? « Oublierez-vous l'espoir que vous aviez en l'amour de mon « fils, et le loyer du service par vous à lui faict ? Qui pré- « sentera vos petits œuvres devant les yeux des princes pour « en avoir guerdon ? Qui recevra et mettra en valeur vos « petites compositions ? » Bouchet célébra la mémoire de son jeune bienfaiteur dans un ouvrage intitulé : *Temple de la bonne renommée.*

Le seigneur de La Trémouille remplit généreusement les intentions de son fils, et bientôt Bouchet put se livrer entièrement à son goût pour les lettres. Il publia plusieurs ouvrages en vers et en prose, qui eurent beaucoup de succès. Ses productions historiques, où les mœurs sont peintes avec une grande fidélité, seront toujours intéressantes ; ses poésies, trop négligées et remplies de longues allégories, ne lui ont pas survécu. Dans ses ouvrages sérieux, il s'éleva contre les deux principales opérations politiques du règne de François I, le concordat et la vénalité des charges. Cette hardiesse lui procura beaucoup de lecteurs, mais le priva des bienfaits du prince.

Il approchoit de cinquante ans lorsqu'il perdit le seigneur de La Trémouille. Il ne songea plus qu'à élever un monument à la gloire de son bienfaiteur ; et nous devons à sa reconnoissance les Mémoires que nous publions. Le titre de panégyrique, qu'il leur donne, ne doit point faire présumer que son ouvrage ne soit qu'une déclamation adulatrice. Bouchet, en faisant ressortir les grandes actions de son héros, ne les exagère pas ; il les présente dans leur simplicité, et elles ne produisent que plus d'effet.

Il avoit à peindre un chevalier qui, rétabli dans ses biens par les remords tardifs de Louis XI, honoré de la confiance de Charles VIII, de Louis XII et de François I,

ayant partagé les lauriers de ces trois monarques dans les
champs de Fornoüe, d'Agnadel et de Marignan, trouva la
mort à Pavie, au moment où le Roi, moins heureux, perdoit sa liberté, et qui, après avoir fourni une longue car-
rière, mérita le nom de *sans reproche*, parce que, dans des
temps de troubles, il sut la remplir d'actions brillantes
et d'éminens services, sans enfreindre jamais aucun de ses
devoirs.

Bouchet, suppléant aux talens qui lui manquent par la
connoissance parfaite qu'il a de son héros, ne se montre
pas au-dessous d'un tel sujet. Il retrace avec rapidité les
faits d'armes et les travaux politiques de La Trémouille, le
fait souvent parler d'une manière convenable, et caracté-
rise très-bien sa valeur et sa prudence, soit dans les combats, soit dans les négociations ; mais c'est surtout lorsqu'il
peint des scènes domestiques, qu'en excitant l'intérêt le
plus vif, il parvient à satisfaire en même temps, et le
savant qui étudie les mœurs, et l'homme du monde qui ne
cherche que des anecdotes curieuses.

La Trémouille, à peine sorti de l'enfance, contracte une
liaison intime avec un gentilhomme un peu plus âgé que
lui, et qui vient d'épouser une demoiselle de dix-huit ans.
Il s'établit dans leur château, partage tous leurs plaisirs,
et vit avec eux comme un frère. La jeune dame, fort sen-
sible, ne peut voir avec indifférence un hôte aussi aimable.
Ses sentimens sont bientôt partagés par La Trémouille;
et, comme tous les deux ont cet enthousiasme pour l'honneur et la vertu, heureux attribut de leur âge, comme ils
chérissent celui que leur amour offense, ils frémissent de
leur situation. L'époux, qu'ils ont rendu malgré eux témoin de leur trouble et de leurs remords, emploie, pour
les ramener à la raison et au devoir, un moyen qui pa-
roîtroit peut-être aujourd'hui fort singulier, mais qui, en
même temps qu'il est conforme à l'esprit de l'ancienne
chevalerie, prouve une grande connoissance du cœur humain. Après avoir obtenu, par la plus douce indulgence,

la confidence entière de l'inclination de la jeune dame, il s'éloigne du château, et affranchit ainsi les deux amans de toute espèce de surveillance. Ce qu'il avoit prévu arrive. Tant de confiance et de générosité exalte des cœurs neufs et ouverts aux plus nobles impressions. Ils font le douloureux sacrifice de leur penchant; et, à son retour, il les trouve disposés à étouffer un sentiment, dont l'absence fait bientôt disparoître toutes les traces. Ce petit tableau de l'intérieur d'un château du quinzième siècle, réunit aux grâces naïves du langage la peinture la plus vraie des passions.

Si les détails sur le mariage de La Trémouille avec une princesse de la maison de Bourbon, offrent un intérêt moins attachant, ils contribuent également à donner une idée du ton et des mœurs de cette époque. On suit avec plaisir le jeune chevalier en Auvergne, où, à l'aide d'un déguisement, il parvient à se faire connoître de l'épouse qui lui est destinée. On prévoit que leur union sera heureuse par l'accord parfait qui règne entre leurs caractères, et, lorsque cet espoir est réalisé, on aime à examiner les occupations de la jeune dame dans le château de Thouars, pendant que son époux commande les armées. Ses momens sont partagés entre la religion et l'étude; elle appelle auprès d'elle des hommes instruits, compose sous leurs yeux de petits écrits de piété et de morale, et se consacre entièrement à l'éducation d'un fils unique, objet chéri des plus belles espérances. Ici l'auteur fait d'excellentes observations sur le goût des femmes pour les lettres, et prouve très-bien qu'une occupation qui seroit déplacée dans celles qui appartiennent aux classes inférieures, convient aux personnes du premier rang, quand, au lieu d'y chercher des jouissances de vanité, elles ne prétendent qu'à former leur jugement par les lumières qui ornent l'esprit.

Toutes les espèces de prospérités semblent assurer à la maison de La Trémouille les plus brillantes destinées, lorsqu'un événement terrible y répand le deuil. Le prince de

Talmont , ce fils unique qui devoit égaler la gloire de son père, reçoit soixante-deux blessures à la bataille de Marignan, et périt à la fleur de l'âge. Il faut voir, dans l'ouvrage de Bouchet, les ménagemens pleins de sensibilité et de délicatesse qu'emploie François I pour annoncer cette perte à La Trémouille, qui la supporte avec courage. Il faut y voir les précautions religieuses par lesquelles l'évêque de Poitiers prépare une mère à un coup qui doit lui donner la mort. La correspondance des deux infortunés époux, après cet événement aussi affreux qu'inattendu, respire la tendresse, la douleur, et peut passer pour un modèle de résignation chrétienne. La Trémouille trouve des distractions dans les voyages et dans les grandes affaires dont il est occupé; son épouse, retirée à Thouars, ayant sous les yeux le tombeau d'un fils adoré, cherche en vain des remèdes à son chagrin dans l'étude qui fit autrefois les charmes de sa vie, et dans la société des hommes qui lui ont inspiré ce goût. Consumée par une mélancolie profonde, sa santé s'altère; et, lorsqu'elle sent approcher ses derniers momens, elle appelle La Trémouille, qui vole aussitôt auprès d'elle. Leurs entretiens, leurs adieux, leur séparation, après une union de trente-cinq ans, qui n'a été troublée que par la perte dont ils ne peuvent se consoler; tous ces tableaux, peints par un témoin oculaire, retracent les anciennes mœurs dans ce qu'elles ont de plus pathétique et de plus touchant.

Si Bouchet se fût borné à joindre aux grands traits de l'histoire des détails aussi intéressans, certainement son ouvrage pourroit être comparé aux meilleures productions de ce genre; mais, cédant au goût de son siècle pour le merveilleux, il s'est figuré que son livre seroit plus amusant, s'il faisoit intervenir d'une manière allégorique, les divinités de la fable dans ses récits. A peine La Trémouille entre-t-il dans l'adolescence, que Mars l'exhorte à quitter le château de son père pour aller servir le Roi. Lorsqu'il aime la jeune femme de son ami, Minerve lui donne d'excellens conseils; et quand Louis XII lui confie, dans des temps difficiles, le gouvernement de la Bourgogne, Junon compose pour lui un long traité de politique: amalgame monstrueux de la fable et de l'histoire, qui ôte à la vérité sa vraisemblance, et qui détruit en grande partie le charme d'un récit où l'on ne cherche que des faits authentiques.

Bouchet ne se borne point à ce moyen de donner l'essor à son imagination poétique; il a soin de se ménager l'occasion de faire parler en vers tous ses principaux personnages. C'est ainsi que l'on trouve dans son ouvrage une multitude d'épîtres qui sont attribuées soit à La Trémouille, soit à celle qui fut l'objet de sa première inclination, soit à ses deux épouses, soit à la première femme de Louis XII, lorsque ce prince voulut faire rompre son mariage pour épouser Anne de Bretagne.

Les éditeurs de l'ancienne collection des Mémoires ont écarté de l'ouvrage de Bouchet toute la partie mythologique; ils ont également supprimé les épîtres en vers. On pourroit donc leur savoir gré de leur travail, si, poussés par le désir de donner à cet ouvrage une couleur moderne, ils n'en avoient retranché un grand nombre de détails curieux et de morceaux intéressans. Non-seulement ils ont fait disparoître tous les discours que La Trémouille prononce dans les circonstances importantes, mais ils ont abrégé les conversations entre les principaux personnages, de manière à leur faire perdre toute leur originalité naïve. Non contens de mutiler ainsi une production dont presque tout le charme consiste dans la peinture fidèle des mœurs, ils n'ont pas craint quelquefois de substituer leurs idées à celles de l'auteur; ce qui donne lieu à des disparates qui peuvent être aperçues par les lecteurs les moins exercés.

Nous nous sommes appliqués, en conservant scrupuleusement dans l'ouvrage tout ce qui appartient à l'histoire, à n'y rien ajouter qui puisse en altérer le coloris. Forcés, par le plan que nous avons adopté, d'écarter des ornemens déplacés, à peine nous sommes-nous permis des transitions nécessaires. Nous osons donc croire que les Mémoires de La Trémouille seront une lecture entièrement nouvelle, pour ceux qui ne les connoissent que d'après l'abrégé des premiers éditeurs.

Cette partie mythologique, qui est si maladroitement attachée à l'histoire d'un guerrier du quinzième siècle, contient cependant quelques détails curieux. Dans les instructions que donnent alternativement à La Trémouille Mars, Minerve et Junon, on trouve de temps en temps des observations fort justes sur les passions, sur la politique et sur les mœurs.

Lorsque le chevalier entre dans le monde, Minerve s'efforce de le prémunir contre les séductions de l'amour. « Les jeunes gens, lui dit-elle, qui ne mesurent les choses « par droict jugement; ains par libidineux plaisirs ou affec- « tion charnelle, si le sens leur présente la fardée beauté « d'une femme, son apparente doulceur ou son humble « contenance, existiment faulsement que ce soit une chose « divine, et par ce jugement insensé, aiment ceste femme, « la desirent, l'extiment vertueuse, pensent que tous biens « soient en elle, que tout plaisir y repose, que toute con- « solation en procède, et que heureuse chose seroit en « pouvoir lascivieusement jouyr; mais leur fin sera comme « de ceulx qui, selon les poëtes, endormis à l'harmonie et « doulx chant des syrenes, péricliterent et submergerent « en mer. »

C'est par Junon, appelée dans l'ouvrage *puissance regnative,* que sont données les hautes leçons de politique. L'auteur place dans la bouche de cette déesse une critique sanglante de la vénalité des charges. « On ne veit « onc, dit-elle, tant de praticiens, et moins de bonnes « causes : on ne veit onc tant de officiers et si peu de jus- « tice : brief on diroit que tout est habandonné à proye « et à rapine. Si les offices de la justice estoient liberale-

« ment donnés, chascun s'appliqueroit à vertus et aux
« bonnes lettres pour en avoir; et si des gens vertueux et
« bons les avoient, ne feroient telles exactions : les roys,
« princes et seigneurs seroient mieulx obeys qu'ils ne
« sont. » La déesse s'élève ensuite indirectement contre le
concordat, en faisant un grand éloge de Charles VII. « Ce
« Roy, dit-elle, aima tant la liberté universelle de toute
« l'Eglise, qu'il commanda garder et observer dans son
« royaulme les saints décrets de Basle et de Constance, et
« d'iceulx feit faire un livre intitulé la *Pragmatique-Sanc-*
« *tion*, contenant reigle et forme de l'honnesteté ecclésias-
« tique, et de disposer des bénéfices, dont la bénédiction est
« redondée non-seulement en luy, mais en son petit-fils le
« roy Charles VIII, qui a surmonté et vaincu plus mi-
« raculeusement que aultrement ses ennemis et adver-
« saires. »

Ce morceau est suivi d'un portrait de Louis XI, dont
nous ne rapporterons qu'un seul trait fort remarquable.
« Il vouloit être crainct plus que roy qui fut oncques; et
« il n'y eut jamais roy en France qui vesquit en plus grant
« craincte et suspection; en sorte que la moindre imagi-
« nation qu'il eust prise en la plus pauvre créature de son
« royaulme, luy eust donné une telle craincte que, pour
« la chasser de son esprit, estoit contrainct faire mourir
« cette personne, ou la prendre à son service : et si mou-
« rut crainctif de tout le monde. »

Les peintures de mœurs sont pour nous la partie la plus
intéressante des instructions que reçoit La Trémouille. On
y trouve des regrets sur l'antique simplicité des rois et
des seigneurs, et des réflexions chagrines sur le luxe qui
commence à se répandre. « Anciennement, dit le person-
« nage allégorique, les capitaines et gens de guerre n'avoient
« accoustumé de faire traîner après eux tant de bagaige,
« comme font de présent les François, qui ont lict de camp,
« vaiselle et cuisine, et plus d'espiceries et choses attrac-
« tives à luxure qu'à combattre leurs ennemis; et n'y a

« si petit gentilhomme qui ne veuille avoir ung aussi bon
« cuisinier que le .Roy, et estre servi de électuaires,
« divers potaiges, et aultres viandes délicates en diversité
« comme princes ; et si possible estoit, quand vont à la
« guerre, feroient charoyer aprés eulx toutes les ayses de
« leurs privées maisons. A présent ceulx qui ; par for-
« tune, ont été du misérable gouffre de pauvreté, retirés
« et auctorisés par les roys et princes, font les maisons de
« plaisance à coulonnes de marbre, représentations d'i-
« mages et symulachres si bien faicts, qu'il semble à les
« veoir qu'on les ayt dérobés à nature. Le dedans est tout
» d'or et azur, les jardins semblent villes, tant sont les
« galeries bien couvertes, et pour la multitude de ton-
« nelles et cabinets, tout pleins de lascivie et volupté, que
« mieulx semblent habitations de gens venerées (débau-
« chées) que marciaulx, et de gens lascivieulx, que de gens
« de vertu. » On voit par ces observations, faites pendant
les premières années du règne de François I, que le luxe
dans les palais et dans les jardins, dont on attribue généralement l'introduction en France à Catherine de Médicis,
remonte plus haut, et qu'il faut, comme nous l'avons dit
dans le tableau du règne de Charles VIII, en marquer l'é-
poque au moment où ce jeune prince, de retour d'Italie,
voulut imiter les édifices élégans et majestueux qui avoient
fait l'objet de son admiration dans cette belle contrée.

Nous avons cité les traits les plus frappans de la partie
allégorique des Mémoires de La Trémouille. En la retran-
chant de la partie historique, la seule qui puisse inté-
resser nos lecteurs, nous espérons que cette dernière ac-
querra plus de liaison, plus de suite et plus d'ensemble.

La seule édition complète des mémoires de La Trémouille est celle de 1527, caractères gothiques, donnée à
Poitiers par Jacques Bouchet, parent de l'auteur. Elle est
devenue rare et ne se trouve que dans les bibliothèques
publiques. C'est sur cette édition que nous avons fait notre
travail. En 1684, Godefroy donna de cet ouvrage un extrait

fort sec et très-court, dans la Collection de pièces qui
accompagne l'histoire de Charles VIII.

On doit encore à Bouchet une importante production
historique. Ce sont *les Annales d'Aquitaine et Antiquités
de Poitou.* L'auteur, très-attaché à son pays, sembloit
avoir fait de cet ouvrage son travail de prédilection. L'époque de sa mort n'est pas bien déterminée ; on la place
généralement en 1550.

EPISTRE

CONTENANT L'INTENCION DE L'ACTEUR DU CHEVALIER
SANS REPROCHE.

A NOBLE ET PUISSANT SEIGNEUR, MESSIRE FLORYMONT
ROBERTET, CHEVALIER, BARON DALVYE, CONSEILLER
DU ROY NOSTRE SIRE, TRESORIER DE FRANCE ET SECRE-
TAIRE DES FINANCES : JEAN BOUCHET DE POICTIERS
REND TRÈS-HUMBLE SALUT.

---

*LE considerer, tres merite chevalier, que le fruict de
lire les histoires (par le tesmoignage de Flavius Albinus)
est acquerir une desireuse emulacion d'honneur et ung
vouloir de suyvir et ressembler en meurs et gestes ceulx
desquelz on oyt bien dire, et que la congnoissance des
choses gerées excite les humains courages, à prudence,
magnanimité, droicture, modestie et aultres vertuz ten-
dans à souveraine felicité et esloigner du contraire ; pour
laquelle consideracion les anciens regardans à l'utilité
du commun bien, pour n'estre d'ingratitude repris, mais
les bien faisans remunerer et donner occasion aux vivans
de ainsi faire, tenoient en leurs temples et lieux publicques,
leurs statues, portraictz et ymages richement entaillez et
enlevez ; et que necessaire seroit pour la reviviscence de
discipline militaire, par nonchalance semymorte, la florissant gendarmerie de France ressembler en vouloir,*

*cueur, hardiesse, diligence et fidelité, feu de bonne
memoire monsieur Loys de La Tremoille, chevalier de
l'ordre, conseiller et premier chambelan du Roy nostre
sire, comte de Guynes et Benon, vicomte de Thouars,
prince de Thalemond, admiral de Guyenne et Bretaigne,
et gouverneur de Bourgongne (lequel, pour ses louables
faictz a le tiltre de Chevalier sans reproche acquis); fay-
sans craindre les dangereuses et veneneuses morsures
des envieux et detracteurs (desquelz tous escripvans ne
furent onc exempts), en ung opusculle succintement re-
cully, ce qui est, à mon petit congnoistre, parvenu de ses
meurs, faictz et gestes, depuis son enfantine jeunesse, jusques à son trespas, tant par sa familiere bouche, comme feit
Caius Marius le vieil, que par ma veüe et congnoissance ;
mon extimacion est, mon treshonnouré Seigneur, ce
preux chevalier avoir, davant les gens droictz, tant d'honneur, bien-veillance, renom, louange et bon extime
pour ses graces acquis, que nulz (fors les insidiateurs de
bonne renommée et ennemys de vertuz) vouldront de flaterie et mendacieuse assercion mon petit euvre calumpnier,
comme aucuns ont mon Labirinth de fortune, et Temple
de bonne renommée. Combien que si la promptitude des
espritz en vouloit droictement juger, prendroit labeur à
trouver la clere intelligence de mon intencion, qui a esté et
est à l'exemple de la Pedie de Cyrus, des Tyrocinies de
Alexandre le Grant, et du Songe de Scipion, en publiant
les vertuz de ceulx du passé, instituer pour curieuses invencions des espritz fatiguez recreatives, ceulx du present à droictement vivre, et suivir le Chevalier sans reproche.*

*Et combien que la memoire de ce chevalier sans reproche,
pour ses louables faictz, merite bien estre presente aux
yeulx du Roy, nostre souverain seigneur, qui est des bien-
faisans droicturier juge, et equitable renumerateur; neantmoins, à la raison de ce que la rudite de mon stille, trop
esloigné d'eloquence de court, ne vault ne merite estre veu
par luy, duquel toutes les graces et vertuz (qu'on sauroit
en tous les autres princes crestiens desirer) sont accumullées
et comprinses, et, entre aultres, formosité corporelle, eloquence faconde, hardiesse, prudence, richesse, noblesse,
et droicture, j'ay, contre le conseil d'aucuns messieurs et
amys, recullé luy en faire present; mais à vous, son tres
loyal et bien merité serviteur, me suys adroissé, à ce que,
par le moien de vostre tesmoignage et de ceulx qui avec
vous verront ce que j'ay escript, jugement veritable soit
prononcé des faictz et gestes de ce tant regreté prince et
chevalier, à vous descouvers pour la familiarité de voz
personnes, duquel (comme doit sembler à tous les cler
voyans) avez tousjours esté vray imitateur en fidelité, peine
et labeur, au service de trois roys, où avez en vostre estat,
comme luy au sien, acquis tiltre de loyal serviteur sans
reproche.*

*En quelle extime de fidelité, prudence et diligence vous
eut le roy Charles VIII, duquel je vous vy principal secretaire, et vous fut le manyment de la plus part de ses affaires
baillé au voiage de la conqueste et recouvrement du
royaulme de Cecille et pays de Naples, où vostre diligence, par la conduicte de vostre cler sens, donna tresbon
commancement à vostre immaculé renom, de sorte que
fustes tousjours son tresbien amé serviteur, par le comman-*

dement duquel, en faveur d'aucunes legieres fantasies rithmées que mon ignorante jeunesse, peu de temps avant son deces, luy presenta, fuz, à mon importunée instance et priere, à vostre service destiné, ce que ne voulut, à mon grant regret et perte, fortune. Le trespas de ce Roy ne diminua vostre auctorité, car le roy Loys XII, dernier decedé son successeur ayant, pour longue experience de voz louables vertuz, congnoissance certaine, apres le deces de feu monsieur le legat d'Amboise (1), vous donna le manyment et direction d'aucuns affaires, voyre des principaulx de ce royaume, qui furent manyez et conduictz en si bon ordre et droicture, que ce Roy fut appellé le Pere du Peuple.

Je passeray soubz silence le service que vous avez faict et faictes au Roy qui à present est, et à madame la regente, sa tres eureuse et auguste mere, parce que je l'extime estre tel qu'on a matiere se contanter de vous. Et quant on considere le grant nombre des fidelles et loyaux serviteurs qu'ilz ont eu et ont au tour de leurs personnes, de robes courtes et longues, desquelz estes ung, et commant tous ensemble les avez fidelement, prudemment et diligemment serviz, on ne sçait auquel donner la premiere louange, mesment es grans affaires du royaulme, perilz et dangiers où il a esté, par ung an et plus, apres la prinse du Roy, dont, graces à Dieu, l'infortune a esté en si grant temperance et doulceur soustenue, et par si grant prudence et diligence conduicte, que le royaulme n'a esté molesté, invadé ne assailly des privez ne des extranges, ce qu'on

(1) George d'Amboise.

conjecturoit advenir, comme apres la prinse du roy Jehan, les calamitez duquel temps sont toutes congneues. Et, jaçoit ce que la gloyre en doyve estre seullement à Dieu donnée, et la louange principalle apres, à madame la regente, mere du Roy, la prudence de laquelle y a esté et est autant et mieulx congneue que de princesse et dame qui fut onc entre les Hebrieux, Grecz et Latins, et aussi à madame la duchesse sa fille (1), pour les causes que j'ay ailleurs escriptes, et dont la renommée en doit, à l'honneur du sexe femenin, eternellement durer, neantmoins je ause bien dire que le bon vouloyr des princes de leur sang, la diligence, prudence et conduycte de leursdictz serviteurs de robe courte et longue, avec la fidelité des villes et des subjectz, y ont grandement aydé : car vous tous ensemble, congnoissans la vertu de l'homme se monstrer es grans affaires perilz et dangiers, y avez entierement emploié et monstré voz espritz, loyaulté, prudence, diligence, moderacion et magnanimité; de sorte que, sans perte de terres ne personnes, et sans charger les Etatz du royaume, on a recouvert ce que plus on desiroit, et qui plus estoit et est necessaire, utile et proffitable pour le royaume, c'est la personne du Roy : ce qui ne fut onc en si bonne sorte fait si les histoires sont veritables.

Or donc, jugeant que, à toutes ces choses faire, avez peu congnoistre le loyer des bien meritez, plus asseuré de vostre benignité (o prince de rhetoricque françoise) que

---

(1) *Madame la duchesse sa fille* · Marguerite, duchesse d'Alençon, depuis reine de Navarre, sœur de François I, alla à Madrid, pour solliciter la délivrance de son frère.

d'aucune faveur, j'ay prins hardiesse vous diriger le brief recueil des faitz et gestes de celuy duquel, quant à fidèlement servir la couronne de France, avez esté imitateur, et acquis tiltre de bon serviteur sans reproche, à ce qui vous plaise defendre l'escripture de la detraction des envieux et que soustenez la verité davant les princes, si l'opuscule merite estre par eulx veu et regardé, dont je ne suis digne, esperant que s'il est (non en la mienne faveur, mais du chevalier sans reproche) par vous soustenu, passera par-tout; vous priant tres humblement, o pere d'eloquence, y donner vostre auctorité, faveur et ayde, et, pour ce faire, laisser quelque foiz le labeur des publiques occupations, esquelles, comme l'un des geniaulx directeurs des affaires de France, estes ordinairement occupé, et, usant de vostre accoustumée benignité (de laquelle avez tant acquis que plaincte de rigueur ne fut onc contre vous faicte, ce qui peut facillement advenir en ceulx de vostre estat) donner, pour le repos de vostre esprit, iceluy accommodant, aux familieres et gracieuses muses, quelque temps à la veue de l'histoire et choses moralles y contenues.

LE PANEGYRIC

DU CHEVALLIER SANS REPROCHE.

CHAPITRE PREMIER.

La genealogie de la riche et illustre maison de La Tremoille.

Apres avoir tyré de mon désolé cueur, innumerables souspirs pour l'infortune advenue en la tres noble et illustre maison de La Trimoille, à present florissant en honneur, non seullement pour le deces de monsieur Charles, mais aussi de monsieur Loys son pere, qui sont au lict d'honneur, couvert de fidelité, chevaleureusement passez de ceste miserable demeure au temple de bonne renommée et lieu de immortel loz sans reproche, verité procedant de honneste amour et gratitude despiesça (¹), née de plusieurs bienffaitz, et grans benefices que j'ay de ceste tres noble maison receuz, plus remplissans mon honneste plaisir que particulier proffit, m'ont contraint prandre une des servantes de l'œil du monde et une aultre de la radiante Lucine, pour rediger par escript, non en vers et mectres, mais en prose, les memorables gestes du loyal pere apres ceulx de l'obeissant filz. Combien que necessité et aage me vouleussent de la main dextre ouster ma plume, et m'empescher de plus escripre tragedies, histoires,

(¹) *Despiesça :* depuis fort long-temps.

et choses moralles, où au gré d'aucuns j'ay trop de
jours emploiez, plaignans plus que moy l'occupacion
de telles œuvres, qu'ilz n'extiment estre tant acceptées
des prudens hommes que les negoces familieres qui
eslievent par richesses ceulx qui, nuyct et jour, y vac-
quent et travaillent, comme si, par inopiné conseil,
vouloient maintenir que richesse mondaine fust souveraine félicité, dont tous les raisonnables hommes con-
gnoissent par vraye experiance le contraire; or donc,
sans avoir regard au parler d'aucuns, à la difficulté de
mon entreprise, à la rudesse de mon esprit, ne à la
differance et variabilité du vulgaire languaige du temps
present, j'ay quis l'entrée de mon petit labeur par la
genealogie de ce preux Loys nommé, par ses glorieux
faictz, chevalier sans reproche; la premiere tige duquel
vegeta premierement ou fertile et fameux pays de
Bourgoigne, les vers et florissans rameaulx qui ont
produyt tant de nobles fruictz en toutes les parties des
Gaules que nous appellons à present France occi-
dentalle.

Et pour l'entendre, les antiques et modernes histo-
riens portent tesmoignaige que, durant le regne de
Loys huyctiesme de ce nom, filz de Phelippes-Au-
guste, dix-septiesme roy de France, florissoyt et avoyt
bruyt et renom en Bourgoigne, ung preux et hardy chevalier, nommé messire Ymbault de La Trimoille, qui fut
marié avec une des filles de l'illustre maison de Castres;
duquel mariage vindrent plusieurs enfans masles, qui
vesquirent avec leur pere longuement; en sorte que le
pere et les enfans estoient, pour leurs nobles armes,
crains et redoubtez, car ilz estoient riches, vaillans,
hardis et prudens en guerre. Et fut messire Ymbault au

service dudit roy Loys VIII, à guerroier les Angloys, et apres son deces, au service du roy sainct Loys, qui commença regner l'an 1227 ; et l'an 1247 les princes de France se assemblerent en la ville de Lyon, avec le roy sainct Loys, où estoit le pape Innocent quart de ce nom, qui leur recita comment la cité de Jherusalem avoit esté prinse par les Infidelles, et les Crestiens chassés, et partie d'iceulx occis, ce qui esmeut à pitié le Roy, les princes et plusieurs chevaliers de France ; en sorte que pour aller donner secours aux Crestiens, le roy sainct Loys, les arcevesques de Reims et Bourges, l'evesque de Beauvaiz, les troys freres du Roy, le comte de Sainct Paul, Jehan comte de Richemont, filz du duc Jehan de Bretaigne, le comte de La Marche, le comte de Montfort, Archambault, seigneur de Bourbon, Hue de Chastillon, le seigneur de Coucy, messire Ymbault de La Trimoille, et troys de ses enfans, l'aisné desquelz estoit marié et avoit ung filz, aussi se croiserent plusieurs aultres princes, barons, chevaliers, prelatz et aultres gens.

L'an apres, allerent tous oultre mer, prindrent la ville Damyete, environnée du grant fleuve du Nyl, puis allerent assieger la ville de Malsaure (1) où ilz eurent grosse perte ; car une partie des Crestiens furent occis, et plusieurs desditz prelatz et gros seigneurs de France, et entre aultres Robert, comte d'Artoys, frere dudict roy sainct Loys, messire Ymbault de La Trimoille et ses enfans, de l'aisné desquelz enfans sont venuz d'aultres enfans, desquelz est descendu messire Guy de La Trimoille, dont nous parlerons par apres.

Ung peu davant ce, et durant le regne dudict roy

(1) *Malsaure :* Massoure.

Phelippes Auguste, vivoit messire Aymery, vicomte de
Thouars, qui estoit ung grant et redoubtable prince en
Aquitaine, et aussi monsieur Amorry de Craon, chevalier, qui fut fort aymé du pape Innocent troysiesme
de ce nom, au moyen de ce que, à sa requeste, il estoit
allé, contre les Infideles, en Asie, avec Boniface, marquis de Montferrant, Bauldouyn comte de Flandres,
Henry comte de Sainct Paul, Loys duc de Savoye, et
aultres princes de France, environ l'an 1200 ; dont par-
apres ledict pape Innocent donna quelques privilleges
speciaulx audict seigneur de Craon, et par la bulle d'i-
ceulx, dattée de l'an 1222, l'appelle *le fort des forts,*
chief des chevaliers, ayde et secours du sainct Siege
apostolicque: ce que je n'escriptz sans cause, car monsieur Loys de La Trimoille (duquel je veulx parler)
est aussi descendu de ces deux maisons de Thouars
et de Craon , comme nous verrons cy apres.

Du filz aisné dudict Ymbault de La Tremoille vinst
ung aultre de La Trimoille qui fut pere de messire
Guy de La Trimoille, lequel messire Guy de La Trimoille espousa dame Marie de Sully, qui avoit esté fian-
cée avec monsieur Jehan comte de Mompensier, filz de
Jehan duc de Berry, qui estoit filz du roy Jehan, et frere
du roy Charles V, au moyen de ce que durans lesdictes
fiansailles ledict comte de Mompensier estoit decedé.

Ladicte Marie avoit quarente mille livres de rente,
et estoit fille de messire Loys de Sully et d'une dame
de la maison de Cran ; et ledict messire Loys estoit venu
d'ung duc d'Athenes, à cause de sa mere qui estoit fille
dudict duc et seur de Gaultier duc d'Athenes, qui
espousa dame Jehanne de Melo, dont vinst dame
Jehanne d'Eu, comtesse et duchesse d'Athenes, la-

quelle donna, en l'an 1388, la seigneurie de Saincte Hermyne en Poictou ausdicts Guy de La Tremoille et dame Marie de Sully sa femme. Ce Gaultier duc d'Athenes, comme recite maistre Jehan Bocasse en la fin de son livre des nobles malheureux, apres la mort de son pere qui avoit perdu ladicte duché que ses predecesseurs avoyent acquise à la glorieuse conqueste que les Françoys firent contre les Infideles, lors que Geoffroy de Boulion, Geoffroy de Luzignen dict la grant dent et aultres conquirent la Terre saincte, se retira à Florence dont il fut chief et gouverneur, puis s'en vinst en France, dont ses predecesseurs estoient yssuz, et fut receu honnorablement par le roy Jehan, qui le fist son connestable, et le maria avec la dicte Jehanne de Melo, fille de messire Raoul de Melo, comte d'Eu et de Guynes. Depuis ledict Gaultier fut occis en la journée davant Poictiers où le roy Jehan fut prins par les Angloys, en l'an 1356.

Messire Guy de La Trimoille estoit ung des beaulx et vaillant chevalier qu'on eust peu veoyr; et à ceste cause, en l'expedicion que le roy Charles VI fist contre les Angloys et Flamans, le Roy fist bailler l'auriflame audict messire Guy, qui la retourna à son honneur, la victoyre par les François obtenue. Certain long temps apres, il fut en Hongrie, en la compaignée de monsieur Jehan, comte de Nevers, filz de Phelippes, duc de Bourgongne, et aultres princes de France que ledict roy Charles VI envoya contre les Infideles, pour secourir Sigimond, roy de Hongrie et Boheme, qui depuis fut empereur, où les Françoys furent deffaitz par la malice des Hongres. Lesquelz, envieux des memorables faictz des Françoys, les faisoyent marcher

davant, leur donnant entendre que incontinant apres
marcheroit leur armée, ce qu'elle ne fist ; par le moyen
de quoy les ennemys obtindrent victoyre ; et fut prins
ledict Jehan, comte de Nevers, avec aultres seigneurs
de France, ledict messire Guy de La Trimoille blecé
en plusieurs lieux, et son filz aisné, aussi nommé Guy,
qni estoit encores fort jeune, occis.

Ledict messire Guy, comme il vouloit retourner
en France, mourut dès playes qu'il avoit eues, et fut
enterré en la ville de Rhodes : il laissa ladicte de Sully
sa veufve, et deux filz, Georges et Jehan, en la garde
de leurdicte mere, l'aisné desquelz n'avoit encores
cinq ans; et tost apres ladicte dame se maria en secondes nopces avec messire Charles, seigneur d'Allebret, lors connestable de France.

Ainsi appert que lesdictz Jehan et Georges de La
Trimoille sont descenduz de la maison de Athenes et
de Sully d'une part, et de l'autre part de l'ancienne
maison de Cran, ung puisné de laquelle espousa dame
Mahault, comtesse de Flandres et de Breban, enterrée
au cueur du couvent des Freres Prescheurs de Paris,
et ung messire Jehan de Craon, qui fut evesque d'Angiers, arcevesque de Reims, patriarche de Constantinople, et grand gouverneur du roy Charles V, pere
dudict Charles VI ; lequel messire Jehan de Cran
estoit oncle de messire Pierre de Craon, chevalier,
qui fut tant aymé du roy Charles VI, et monsieur
Loys duc d'Orleans, son frere, que ledict duc voulloit
qu'il fust tousjours vestu de ses couleurs : toutesfois
fut esloygné de court, pour une parolle qu'il dist à madame Valentine, espouse dudict duc d'Orleans, par le
moyen de messire Olivier de Clisson, chevallier, lors

connestable de France ; lequel de Clisson ledict de Cran s'efforça occire en la ville de Paris, avant que l'an fust passé, dont vindrent de grosses follies, comme il est contenu es Annalles d'Aquitaine et Croniques de France.

Messire Jehan de La Tremoille, filz puisné dudict messire Guy, fut comte de Jonvelles et premier chevallier de l'ordre de Jehan duc de Bourgongne auparavant comte de Nevers, duquel a esté parlé on (1) precedent article ; aussi le fut du duc Phelippes son filz, et espousa la seur de messire Loys d'Ambayse (2), vicomte de Thouars, et seigneur d'Ambayse Montrichard et Blere, lesquelz decederent sans hoirs ; pourquoy luy succeda ledict messire Georges de La Tremoille, chevallier, son frere, quequessoit ses enfans.

Ledict messire Georges fut en son vivant ung des plus beaulx hommes que on eust sceu veoyr, et si estoit hardy chevallier et droict homme ; il fist de grans services au roy Charles VII, filz dudict Charles VI, au recouvrement de son royaulme contre les Angloys, et espousa madame Catherine de Lisle, dame de Lisle Bouchart, de Rochefort et de plusieurs aultres terres et seigneuries : duquel mariage descendirent deux enfans, Loys et Georges. Ledict messire Loys fut marié avec dame Margarite d'Ambayse, fille dudict feu messire Loys d'Ambayse, vicomte de Thouars, et seigneur d'Ambayse, Montrichard et Blere. Et au regard dudict messire Georges, ce fut ung hardy chevallier, qui fist de grans services au roy Loys unziesme, filz dudict roy Charles VII, à la conqueste de la duché de Bourgongne, duquel pays fut gouverneur. Il estoit

(1) *On* : au. — (2) *D'Ambayse* : d'Amboise.

seigneur de Cran, laquelle seigneurie luy estoit venue
à cause de ceulx de Cran, dont j'ay parlé cy dessus.
Aussi fut seigneur de Lisle Bouchart, et mourut sans
hoyrs procreez de sa chair.

CHAPITRE II.

La nativité de messire Loys de La Tremoille ; de ses
meurs puerilles, et comment il y fut nourry.

QUELQUE temps apres le mariage de monsieur Loys
de La Trimoille et de madame Margarite d'Ambayse,
son espouse, elle fut enceincte du premier de ses enfans masles ; et lorsque le souleil, qui est le cueur du
ciel et l'œil du monde, repousoit en son trosne et siege
de *Libra*, qui fut le vingtiesme jour de septembre de
l'an 1460, ouquel an toute la monarche des Gaules
estoit eureuse de paix, et habondoit en toutes bonnes
fortunes, par les disposicions fatalles qui, soubz les ban-
nieres du roy Charles septiesme de ce nom, surnommé *le*
Bien Fortuné, avoyent chassé et mis hors son royaulme
de France, les anciens ennemys de l'honneur françoys,
usurpateurs de leurs seigneuries et envieux de leurs
redoubtables ceptres et couronnes, celle illustre dame
Margarite d'Ambayse enfanta d'ung beau filz ; ce fut
nostre chevallier sans reproche, duquel j'entends principallement escripre ; et fut nommé Loys, sur les fons
de baptesme. Son naistre engendra toutes manieres
de joyes, lyesses et consolacions en la maison de mon-

sieur son père et de tout son tresnoble parentaige, parce que, par son excellente beaulté, doulceur et benignité enfantine, donnoit jà ung espoyr aux cler voyans qu'il seroit chevallier d'excellente vertuz, et que ce seroit la precieuse pierre Trimoillaise et Ambasienne, en laquelle reluyroit le cler et immaculé nom de ces deux anciennes maisons : d'une aultre part les astronomes experimentez disoyent que, veu le jour de sa nativité, il seroit appellé, par la disposition des corps celestes, au service des roys, en leurs affaires civilz et pugniques, où il acquerroit honneur de inextimable louange, et prandroit alliance par mariage avec le sang royal.

Toutes ces choses donnèrent, oultre l'instinct de nature, une merveilleuse affection de le faire songneusement alaicter et nourrir, jusques à ce qu'il eust passé son enfance, combien que durant ce temps madame Margarite d'Ambaise, sa mere, eut de monsieur de La Trimoille, son espoux, troys aultres filz, savoir est : Georges, Jaques et Jehan, tous approchans en beaulté et honnesteté de leur frère aisné Loys. Et des ce qu'il sentit ung commancement de force et astuce puerille, qui suyt sans moyen l'imbecillité d'enfance, nature luy administra agillité et force correspondente à sa beaulté, avec ung arresté vouloyr de faire toutes choses appartenantes à gens qui veullent suyvir les armes et les cours des princes illustres, comme courir, saulter, luycter, gecter la pierre, tyrer de l'arc, et controuver quelques nouveaulx jeux et passetemps consonans à l'estude militaire. Luy, ses freres, et aultres nobles enfans de leurs aages que leur pere avoit prins en sa maison, et les entretenoit pour leur tenir

compaignie, faisoyent assemblées et bandes en forme
de bataille, et par les champs assailloyent petiz tigurions (¹), comme s'ilz eussent baillé assault à une ville,
prenoyent bastons en forme de lances, et faisoyent
tous aultres passetemps approchans des armes, monstrans que plus y avoyent leurs cueurs que aux grans
lettres, fors le plus jeune nommé Jehan qui, dés son
jeune aage, se desdia à l'Eglise, dont bien luy prinst,
comme nous verrons cy apres.

Tous les semy dieux et semy déesses du pays de Berry,
voysins du chasteau de Bommiers, où estoit la demourance de ces tresnobles enfans, laissoyent leurs maisons et chasteaulx pour venir veoyr leurs passetemps
tant honnestes, et entre aultres Loys l'aisné, lequel
ilz monstroyent l'ung à l'aultre par admiration, car il
estoit beau comme ung semidieu, son corps estoit de
moienne stature, ne trop grant ne trop petit, bien
organisé de tous ses membres, la teste levée, le front
hault et cler, les yeulx vers, le nez moyen et ung peu
aquillée, petite bouche, menton fourchu, son tainct
cler et brun, plus tirant sur vermeille blancheur que
sur le noir, et les cheveux crespellez, reluysans comme
fin or. Aussi avoit de si bonnes graces qu'il emportoit
le priz dessus ses freres et compaignons, tant pour
mieulx faire que par ruzes, cautelles et cler engin,
dont il ne prenoit aucune gloire; mais, en se humi-
liant, donnoit tousjours l'honneur (qu'il avoit jà acquis par l'oppinion et jugement de ceulx qui les
regardoient) à ses compaignons : laquelle humilité
empeschoit que envie ne s'engendrast de ses louables

(¹) *Petits tigurions :* c'étoient de petites tours qui servoient à l'amu-
sement des jeunes gentilshommes.

jeunesses en l'estomac de ceulx lesquelz il precedoit
en bonne extime.

Ce Loys avoit une industrie contre la majesté de
nature et l'imprudence de l'aage puerille, par laquelle
chascun non seullement se contentoit de luy, mais
l'auctorisoit en tous les faictz de jeunesse, en sorte
que ceulx de son aage en faisoyent leur chief et seigneur, et n'avoient bien ne joye hors sa compaignée.
Chascun estimoit ses pere et mere, eureux de telle ge-
neration ; et ne apporterent moins d'espoir au pays de
France les meurs de sa prudente jeunesse, que celle
de plusieurs jeunes Rommains, tant en petites ruses,
que noblesse de cueur, et entre aultres de Pretexta-
tus qui, pour contanter sa mere l'infestant declairer
le secret du senat qu'il avoit oüy en la compaignée de
son pere, auquel le celler avoit esté enjoint, luy donna,
contre verité entendre, que le senat avoit ordonné que
les hommes auroyent doresnavant plusieurs femmes
pour multiplier et augmenter la generacion rommaine;
dont il fut tant bien louhé du senat que le lendemain
le senat, assailly par les femmes rommaines pour rompre
ceste supposée loy, extimerent tresfort l'obedience du
filz, tant envers sa mere que le senat; autant en feit ce
noble Loys envers madame sa mere qui vouloit tirer
de luy ce qu'il avoit sceu de monsieur son pere en secret, et dont il avoit defense.

En ce temps y avoit de grans discors civilz entre le
roy Loys unziesme de ce nom et les princes de son
sang, qui tendoient à le priver de ceptre et couronne,
et quant ce jeune Loys en oioyt parler, disoit, à l'exemple de Marc Caton Utisence contre Syla aux temps des
prescriptions rommaines : *Si j'estois avec le Roy je me*

essaieroys de le secourir; et que autreffoiz bailla ung soufflet à ung de ses compaignons qui soustenoit la querelle des princes mutinez contre le Roy, ainsi que feit Cayus Cassius à Fauste filz de Syla qui collaudoit les cruelles prescriptions de son pere; lesquelles choses estoient presage qu'il seroit de la couronne lylialle defenseur, et des injures royalles propulseur.

Pour avoir passetemps avoit oyseaulx de proye et chiens pour chasser à bestes rousses et noyres, où souvent prenoit labeur intempere, et jusques à passer les jours sans boyre et manger, depuis le plus matin jusques à la nuyt, combien qu'il n'eust lors que l'aage de douze ans ou environ.

CHAPITRE III.

Le roy Loys XI veult avoir le jeune seigneur de La Tremoille pour le servir. Comment ce jeune seigneur pria et pressa son pere de l'envoyer au service du Roy; et avec un jeune paige, prinst chemin pour y aller.

Le roy de France Loys XI, qui estoit prudent et prenoit gens à son scervice selon son imaginacion, fut adverty des meurs de Loys de La Trimoille et de sa prudente jeunesse, qui donnoyent une actende de bon cappitaine en l'advenir; et considerant que la premiere origine de ceulx de La Tremoille estoit de Bourgongne, et que Charles, lors duc de Bourgongne, estoit ennemy de France, et pourroit retirer ce jeune seigneur Loys

de La Trimoille, manda à monsieur son pere, par quelque gentilhomme de sa maison, qu'il voulloit avoir
son filz aisné pour le servir, et qu'il luy envoyast. Le
pere fut fort troublé de telle nouvelle, et, congnoissant
la complexion du Roy, ne sçavoit quelle responce faire,
pour deux raisons : l'une qu'il ne vouloit que son filz
se esloignast de luy, parce que c'estoit toute sa consolacion, l'autre, que le Roy, quelque temps auparavant, avoit mis en sa main la vicomté de Thouars, et
aussi aultres seigneuries qui appartenoyent à messire
Loys d'Ambayse, pere de son espouse, dont il avoit
donné partie à la dame de Momsoreau [1] et à messire Jaques de Beaumont, chevalier, seigneur de Bres-
suyre, pour quelque imaginacion qu'il eut contre ledict d'Ambayse, à la raison de ce que on luy raporta
qu'il avoit parlé seullement au duc de Bretaigne. Et
pour ces causes fist responce au messagier que son
filz estoit encores bien jeune pour porter les labeurs
de la court, et que dedans ung an pour le plus loing,
luy envoyeroit, en le merciant de l'honneur qu'il luy
faisoit, dont le filz fut adverty, lequel y vouloit bien
aller.

Ung jour advinst bien tost apres que luy, Georges et
Jaques, ses freres, en la compaignée des veneurs de leur
pere et d'aulcuns gentilz hommes, à l'heure que au-
rore avoit tendu ses blanches courtines pour recepvoir
le cler jour, partirent du chasteau de Bommiers pour
aller chasser aux bestes rousses. Si trouverent ung grant
cerf qu'ilz entreprindrent prandre à course de chiens

[1] *A la dame de Momsoreau :* Nicole de Chambes, dame de Mont-
soreau, étoit aimée du duc de Guyenne, frère de Louis XI. Il paroît
que ce dernier avoit voulu la gagner.

et chevaulx; se mirent apres par boys et fourestz, et se
separerent pour mieulx le trouver. Le desir de prandre
le cerf leur fist perdre le souvenir de boyre et manger,
et l'appetit de toutes viandes, en sorte que le souleil
approchant de l'Occident, doubloit et croissoit leurs
umbres. Et tost apres l'ombre de la nuyt commença à
chasser la reluysance du jour, en sorte qu'ilz se perdirent l'ung l'autre à la course ; et demoura Loys seul
en une grande fourest, courant apres le cerf qu'il perdit
pour l'obscurité de la nuyt. Ses deux freres prindrent
le vray chemin avec les veneurs, lesquelz, conjectu-
rans que Loys se fust retiré des premiers au chasteau,
se retirerent, et y arriverent environ dix heures de nuyt,
tous affamez et marriz d'avoir perdu leur proye ; mais
plus furent courroussez de ce qu'ilz ne trouverent Loys,
voyans, au nombre des gens de leur compaignée, que
seul estoit demouré par les boys, en dangier de sa personne. Parquoy les veneurs et autres serviteurs du
chasteau, s'en allerent en diverses pars, pour le trouver, ce qu'ilz ne feirent jusques à la poincte du jour.
Comme on le serchoit, environ la mynuit que *Somnus*
avec ses pesantes helles descend on cerveau de l'homme
et ambrasse toutes les creatures en leur repos, leur deffendant le parler ; le jeune Loys, se voyant sans compaignée, fors des oyseaux nocturnes qui bruyoient par la
forest, l'issue de laquelle ne povoit trouver, descendit de
dessus son cheval qu'il atacha à ung arbrisseau pres
ung fort buisson, où il trouva une grosse souche, de
laquelle, apres se estre estendu sur la froide et humide
terre, toutesfoys couverte de fueilles, fist ung chevet, où
il s'endormit.

Le jeune seigneur de La Tremoille s'estant reveillé,

monta sur son cheval, et fist tant que, environ le poinct du jour, arriva seul au chasteau de Bommiers. Les pere et mere, qui encores repousoyent en leurs lictz, sceurent la venue de leur filz et, non monstrans aucun semblant de son labeur, dont ilz furent joyeulx, commanderent le traicter comme appartenoit; ce qu'on fist à diligence. Et apres avoir beu et mangé, avant le lever de son pere, prinst ung jeune gentilhomme, nommé Odet de Chazerac, que fort il aymoit, et luy dist : « Chazerac, mon « amy, tu es le secret de mon cueur, et la teneur des « lettres clouses de ma secrete pensée : parquoy je te « veulx dire un project que j'ay fait cette nuyt, te priant « de ne le reveler. » Lors luy declaira au long ce qu'il avoit deliberé, par opinion arrestée, de demander congié à son pere pour aller au service du Roy, et en son reffus s'en aller, interrogeant Odet de Chazerac s'il vouldroit aller avec luy : ce qu'il luy accorda.

CHAPITRE IV.

Persuasion du jeune seigneur de La Trimoille à son pere,

TROYS ou quatre jours apres, sceu par le filz son pere estre seul en sa chambre de retraicte, alla vers luy armé de hardiesse, pour luy declairer l'affection de son entreprinse; mais quant il fut en sa presence, craincte paternelle et honte reverencialle le desarmerent de hardiesse, et le laisserent en la nudité de puerille vergongne et au fleuve de dubitacion, comme

la navire sur la mer agitée de tous vents, en sort
qu'il ne povoyt trouver le moyen de descouvrir so
vacillant couraige. L'exorde de ses prieres et requeste
par honte luy languissoyent en la bouche, qui ne vou
loit obeyr au commandement du cueur. Toutesfoys,
l'exhortacion de son pere qui le hardya de parler, com
mença rompre sa honte et à descouvrir son couraige
en disant : « J'ay tousjours congneu, monsieur, le plu
« grant de voz desirs estre, que mes freres et moy, qu
« sommes voz enfans, dont je indigne suis l'aisné, nou
« appliquons à choses vertueuses, et soions nourriz e
« bonnes meurs, et que par maulvaiz exemples n'ayor
« l'occasion de prester l'oreille aux voluptez et chose
« pernicieuses, à ce que en nous soit conservé l'hon
« neur que vous et voz progeniteurs portans le nor
« de La Tremoille avez par voz louables faictz acqui
« à quoy est trop contraire la vie privée que me
« nons avec vous en oysiveté, de tous vices nourisse
« qui nous suyt et delicatement nourrist noz tendre
« jeunesses, facilles à corrumpre, en les decepvai
« par les doulceurs de long repos, viandes delicates,
« passetemps plus voluptueux que excitatifz à vertu
« desquelles choses m'est venue une peine nouvel
« en mon esprit, qui me donne hardiesse de me pre
« senter à vostre paternelle majesté, et treshumble
« ment vous prier que vostre plaisir soyt me envoy
« en la court du Roy, où est l'escolle de toute hon
« nesteté, et où se tiennent les gens de bien soubz le
« quelz on aprend à civillement vivre, et la forn
« d'acquerir non seulement les mondaines richesse
« mais les incorruptibles tresors de honneur. N'ai
« peur de l'imbecillité de mon facil et petit engin,

« moins de mes jeunes ans ; car l'insuperable couraige
« que j'ay de servir en l'advenir la triumphante cou-
« ronne de France, me fera surmonter tous labeurs,
« et oublier les mignardises de pusillanimité et les
« privées ayses de vostre opullente maison. »

Le pere ouyt constamment la priere de son cher filz,
et à peine se peut contenir de manifester sa pensée,
agitée de pitié, meslée en douleur par larmes apparen-
tes qui jà commançoient sortir de ses yeulx. Parquoy
voulant demeurer seul pour myeulx donner repos à
son cueur, par la consolation de madame son espouse,
dist à son filz : « Allez, mon amy, je penseray à ce
« que vous m'avez dit, et en parlerons plus au long
« une autresfois. » Le filz se retira en sa chambre,
acompaigné d'une trop petite esperance, disant à luy
mesme que, voulsist ou non son pere, feroit ce qu'il
avoit entrepris. Le pere demoura seul jusques à ce que
madame son espouse fust à son mandement venue, à
laquelle il declaira la harangue ou oraison de leur
cher filz Loys, non sans jecter larmes et se desoler,
mais encores plus la mere, quant elle eut le tout ouy ;
en sorte que son espoux ne la povoit consoler ne paciffier son cueur tout inundé de pleurs ; les causes de
leurs douleurs estoient trop grand amour sensuelle
qu'ilz avoient à Loys leur filz, non seulement pour
sa formosité, mais pour les bonnes graces qui jà estoient
en luy ; et eussent bien voulu que tousjours eust demouré avec eulx ; daventaige doubtoient que s'il alloit
au service du Roy, fust mal traicté de sa personne, et
que sa tendre jeunesse ne peust supporter ce faix ; oultre cognoissoient la severité du Roy, et qui pour peu de
chose prenoit mauvaise fantasie contre les princes et

seigneurs vieilz et jeunes, et en pourroit prandre contre leur filz, tant parce qu'il avoit eu en hayne son
ayeul paternel, les seigneuries duquel il avoit, sans
cause et raison, saisies et mises en sa main, et aussi
qu'ilz estoient extraictz de Bourgongne, lequel pays
n'estoit aymé du Roy, pour les grans guerres et molestes que luy faisoit Charles, duc de Bourgongne. La
mere parla depuis au filz, pour le desmouvoir, luy donnant entendre toutes ces choses, et qu'il actendist encores ung peu, jusques à ce que les guerres fussent
moderées : mais le filz ne voulut croire ne pere ne mere,
et apres avoir faict presser son pere d'avoir congié,
voyant qu'il ne luy vouloit bailler, luy mesme le
prinst, et, en la compaignée de Odet de Chazerac,
jeune enfant ung peu plus aagé que luy, prinst son
chemin pour aller en Court se presenter au service du
Roy; mais il ne fut long, car incontinent son pere, adverty de l'entreprinse, envoya deux gentilz hommes
apres eulx, et les ramenerent à Bommiers, fort tristes.

CHAPITRE V.

*D'aulcunes miseres des gens de court; et cominant le
jeune seigneur de La Trimoïlle fut envoyé au service du roy de France.*

Le filz fut presenté davant le pere, qui d'ung visaige
furieux commença luy dire : « O rebelle et deso-
« beissant enfant, plus desirant l'execution de ta folle
« volunté et l'effect de ton jeune sens, que le plaisir
« de ton engendreur et ton proffit temporel, penses tu

« que tes yeulx embouez de puerille ignorance soyent
« plus cler voyans que ceulx de experimentée vieil-
« lesse? Sces tu point que l'œil spirituel n'a vigueur,
« ne veoit parfaictement, jusques au temps que l'œil du
« corps deflorist et pert sa beaulté? Presumes tu estre
« plus saige et plus loing regardant que moy, qui jà
« suis entré es experiences de vieillesse? Je t'ay faict
« dire et remonstrer que le temps n'estoit oportun pour
« prandre l'aventure de Court, au moyen des partia-
« litez, discordes civilles, et guerres intestines, qui sont
« entre le Roy et aulcuns princes de son sang, et que le
« dangier s'en ensuyvera scelon l'issue de fortune. Tu
« es jeune, et puis mieulx actendre l'evenement des
« choses fatalles, que ceulx qui ont vingt ou trente ans.
« Que feras tu en Court, laquelle est toute troublée
« et desolée de telz discords, en sorte que la pluspart
« des courtisians ne sçavent quel party tenir? ilz voyent
« le royaulme esbranlé et prest à tumber entre les
« mains de noz anciens adversaires, pour l'intelligence
« qu'ilz ont au duc de Bourgongne et de Bretaigne,
« lesquelz ont plus d'amys secretz qu'on ne pense.; et
« d'aultre part voyent le Roy si timide et suspeçon-
« neux de chascun qu'il ne ayme personne, fors pour
« le temps qu'il en a affaire. Sces tu point commant il
« a mis en sa main les biens du vicomte de Thouars,
« mon beau pere, et baillé partie d'iceulx à gens de
« petit extime? Tu ne ignores qu'il est manié par ung
« barbier, par ung trompeur et ung desloyal evesque [1].

_____

[1] *Par un barbier, par ung trompeur et ung desloyal evesque :* le
barbier étoit Olivier le Daim, qui devint comte de Meulan ; l'évêque
étoit le cardinal Baluë, évêque d'Evreux et d'Arras, que Louis XI fit
ensuite enfermer dans une cage de fer.

« Il tient en prison le duc d'Alençon ; le seigneur de
« Nemoux (¹) ne scet où il en est et le comte de Sainct
« Paul noue (²) entre deux eaues. La fin desquelz
« pourra estre plus piteuse à veoir, que leurs faictz
« et gestes, plaisans à rememorer. Je suys serviteur
« du Roy et du royaume et prest à me declerer tel
« contre tous et de y habandonner ma personne, mes
« enfans et mes biens, et quant tu aurois l'aage pour
« faire quelque bon service, je seroys eureux de te
« veoir en bataille renger pour estre à la distribution
« des premiers coups et en hazart de fortune ; mais tu ne
« pourrois ne sçaurois encores luy donner aucun secours
« de ton corps, moins de tes biens, ne de ton conseil.

   « Tu demandes la Court, mon filz, et tu la deusses
« deffier. Tu me diz quelque foiz que c'est l'escolle de
« toute honnesteté : il est vray qu'elle est plaine de
« gens ressemblans bons et honnestes, et que c'est ung
« lieu remply de gens experimentez à bien et mal. La
« Court aprend à se vestir honnestement, parler dis-
« tinctement, ryre sobrement, dormir legierement,
« vivre chastement, et escouter tous vens venter sans
« murmure ; mais le tout est faict par vaine gloire,
« ambicion ou ypocrisie. Les honnestement vestuz
« sont on dedans plains de mocquerie et irrision,
« detraictent de chescun ; les peu parlans sont en-
« vieux, songeurs de mallices, inventeurs de trahisons ;
« les peu rians sont gens austeres, arrogans, cruelz e
« plains de malice ; ceulx qui dorment legierement
« veillent jour et nuyt à supplanter leurs compaignons
« faire quelques monopolles et destruire chescun ; e
« les chastes aux yeulx des hommes, infament et ma

(¹) *De Nemoux :* de Nemours. — (²) *Noue :* nage.

« culent les honnestes maisons, par secretz adulteres
« et fornications occultes et desrobées.

« La Court est une humilité ambicieuse, une
« sobrieté crapuleuse, une chasteté lubricque, une
« moderation furieuse, une contenance supersticieuse,
« une diligence nuysible, une amour enuyeuse, une
« familierité contagieuse, une justice corrumpue, une
« prudence forcennée, une habondance affamée, une
« haultesse miserable, ung estat sans seureté, une
« doctrine de malice, ung contempnement de vertuz,
« une exaltacion de vices, une mourante vie et une
« mort vivante, ung ayse d'une heure, ung malayse
« continuel, et chemin de dempnacion. C'est ung lieu
« où l'on prend par force ou peine ce qui doit estre
« acquis par vertuz. La Court faict de vertuz vice et de
« vice vertuz; les plus hault eslevez sont en plus grand
« dangier que les bas assis, car fortune ne se rit fors
« du trebuchement des grans, et plus souvent excerce
« ses mutacions sur ceulx qui sont soudain et sans
« grands merites, montez, que sur les petiz, dont elle
« ne tient compte. Puys donc que tant de dangiers y
« a en Court, laisse croistre tes ans, endurcir ton
« corps, meurer ton esprit, augmenter tes forces et
« vertuz, pour mieulx en soustenir le faix, et savoir à
« tous ces maulx resister. » Telles ou semblables remonstrances feit le pere au filz, qui respondit en
telz motz :

« Ce que j'ay faict, monsieur, ne tend ad ce que je
« veuille obvier à voustre volunté, ne aller au contraire
« de ce qui vous plaist; car les enfans doibvent obeir à
« leurs peres; et comme ilz sont tenuz les ouyr aussi
« doyvent considerer leurs parolles. Je sçay, mon-

« sieur, que toutes les remonstrances qu'il vous a pleu
« me faire, vous les pensés tres utiles et profitables.
« Toutesfois, qui les peseroit à juste balance avec ce
« que je vous ay dit, je ne sçay qui gaigneroit le prix :
« je croy, pour vray, que la Court est à present fort
« troublée, pour les causes par vous dictes, et que le
« dangier y est grand ; neantmoins je pense que plus
« craignez le dangier de mon esprit, que celluy du
« corps ne des biens ; et mieulx me vauldra le passer
« par la dangereuse flamme de Court, purgative des
« ignorances de hommes vivans de vie privée, que
« demourer entre oysiveté, nonchallance, gourman-
« die, plaisir charnel, et liberté de mal faire, tous in-
« sidiateurs des humains espritz ; et mieulx vault que
« je experimente les curiaulx labeurs en ma jeunesse,
« qui pourra plus aysement les supporter, que en mes
« viriles ans, qui apres long repos se ennuyroyent de
« si griefves peines. Et davantaige, si le Roy est suspe-
« çonneux (comme il vous a pleu me dire) le reffus ou
« delay de son service luy pourra engendrer contre
« vous et moy plus grant suspicion, tant au moyen
« du duc de Bretaigne, duquel sommes alliez à
« cause de ma mere, que du duc de Bourgongne, des
« ancestres duquel noz predecesseurs ont esté servi-
« teurs, et prins avec eulx le principal de leurs hon-
« neurs et richesses.

« Ne vous desesperez de mon aage, car de aussi
« jeunes que je suis ont aultresfoys (comme j'ay ouy
« dire) donné espoyr de estre gens de bien, par leurs
« juvenilles faictz et actes. Et entre aultres, comme j'ay
« veu par les histoyres, Alexandre le Grant, estant en-
« cores à l'escolle des lettres en l'aage de douze ans,

« fut desplaisant dont Phelippes, roy de Macedonne,
« son pere, avoit tant dilaté son royaulme par louables
« victoyres, disant que pour avoir gloyre luy convien-
« droit, en son plus parfaict aage, aller acquerir gloyre
« en Occident ; et en ce mesme temps chevaucha de luy
« mesmes ung cheval non dompté, davant son pere, que
« tous ceulx de son escuerye ne ausoyent chevaucher. »

Comme l'enfant parloit au pere, et avant que clore
son propos, survinst ung poste que le Roy envoyoit au
pere, avec une lettre, qui interrumpit l'enfant en sa
gracieuse et prudente responce ; mais ce fut à son adven-
taige, car le Roy rescripvoit au pere qu'il luy envoyast
son filz pour le servir, sur peine de desobeissance ; qui
donna solucion à tous argumens, mais non sans douleur paternelle. Et fut Loys, à sa grant joye, richement
vestu, monsté, et accompaigné mesmement de Odet
de Chazerac, et dedans quinze jours envoyé au Roy, à
la fin de l'an treiziesme de son aage.

En ce temps, le roy Loys avoit de grans affaires, au
moyen de ce que les ducz de Bretaigne et de Bourgongne estoyent ses ennemys, et que le duc de Bourgongne, nommé Charles, filz du bon duc Phelippes, avoit
suscité Edouard, lors roy ou usurpateur du royaulme
d'Angleterre, à venir avec grosse armée en France.
Toutesfoys le Roy y pourveut saigement, car il appoincta avec Edouard (1), et le renvoya doulcement,
sans coup frapper, en Angleterre, au desceu du duc
de Bourgongne, qui en cuyda crever de despit.

Ce jeune Loys fut amyablement receu par le Roy,
et fut mis au nombre des enfans d'honneur, où bien

(1) *Il appoincta avec Edouard :* traité de Picquigny, du 29 avril
1475.

tost apres passa tous ses compaignons, en toutes les
choses qu'ilz sçavoyent faire, fust à saulter, crocquer,
luicter, gecter la barre, courir, chasser, chevaucher,
et tous aultres jeux honnestes et laborieux; et si les
surmontoit en hardiesse, finesses, cautelles et ruzes,
en sorte qu'on ne parloit en Court que du petit
Trimoille : dont le Roy fut fort joyeux. Et, luy voyant
par foiz faire ces bons tours, disoyt aux princes et seigneurs de sa compaignée : « Ce petit Trimoille sera
« quelque foiz le soustenement et la deffence de mon
« royaulme : je le veulx garder pour ung fort escu
« contre Bourgongne. » C'estoit le Roy (comme a
escript messire Phelippes de Commynes son chambellain) qui se congnoissoit mieulx en gens que homme
qui fust en son royaulme, et à les veoyr une foiz seullement, predisoit leur preudhommie ou lascheté, dont
peu apres on voioyt les experiences.

Quelque foiz ses compaignons reprocherent au
jeune Trimoille qu'il seroit aussi gras que le seigneur
de Cran, son oncle paternel, qui estoit l'ung des vaillans et hardiz chevaliers et cappitaines de France,
bien aymé et extimé du Roy, dont il ne fut contant et respondit : « Je m'en garderay si je puis; »
ce qu'il fist par les grans labeurs qu'il prenoit
jour et nuyt : car on ne le veit jamais asseoyr,
fors ung quart d'heure pour disner, et autant pour
soupper; et si ne prenoit viandes à son plaisir, mais à
sa necessité seullement, et le moins qu'il povoit, dont
la continuacion luy engendra une habituacion qui a
surmonté nature, car son pere et son oncle estoyent
gros et gras et il fut tousjours allegre et deliberé. Che-
rephon et Philetas luy furent exemple, l'abstinence

et longues vigilles desquelz les feirent allegres et legiers de corps. La demourance du jeune Trimoille ne
passa quatre moys en Court, que son oncle, monsieur
de Cran, chevallier de grant prudence et bonne experience, bien aymé et familier du roy Loys, luy donna
forme de vivre honneste et gracieux admonnestemens.

CHAPITRE VI.

*La bonne estimacion que le roy Loys XI eut du
jeune seigneur de La Trimoille, dés ses jeunes ans.*

LES conseils du seigneur de Cran, benignement re-
ceus par le jeune seigneur de La Trimoille, son nepveu,
ne diminuerent l'effect de ses nobles affections, mais
luy creurent ses louhées vertuz, dont vinst au roy
Loys XI meilleure extimacion de luy que au paravant,
laquelle il declaira depuis à maistre Guillaume Hu-
gonet, chancelier de Bourgongne et au seigneur de
Contay, venuz à Vervins vers ledict roy Loys, de par le
duc de Bourgongne, pour avoir semblables treuves qui
avoyent esté faictes entre ledict roy Loys et Edouard,
roy d'Angleterre, a neuf ans; car comme lesdictes
treuves eussent esté par ledict roy Loys accordées
ausdicts ambassadeurs, en parlant et divisant des
jeunes princes et seigneurs de France et Bourgongne,
le roy Loys leur monstra, par grant singularité, le jeune
seigneur de La Trimoille, leur disant : « La maison
« de Bourgongne a nourry et entretenu par long temps
« ceulx de La Trimoille, dont j'ay retiré ce gicton (1),

(1) *Gicton :* rejeton.

« esperant qu'il tiendra barbe aux Bourguignons. »
Ceste petite louange rendit ce jeune seigneur si tres-
ententif à faire ce que le Roy avoit de luy predit, que
tousjours estoient ses oreilles tendues aux propos que
son oncle et aultres bons chevalliers et chiefz de guerre
tenoyent des batailles, alarmes et rencontres; et le
plus grand de ses desirs estoit qu'on luy mist le harnoys sur le doz ; ce qu'on fist dés ce qu'il eut l'aage
de dix-huyt ans, au temps de la conqueste de Bourgongne que le roy Loys fist apres que Charles duc de
Bourgongne eut esté occis à la journée qu'il eut à
Nancy contre le duc de Lorraine, qui fut en l'an 1476.
Et, en l'aage de dix neuf ans, prinst accointance avec
ung jeune chevalier de l'aage de vingt et troys ans,
marié avec une fort belle dame estant en l'aage de
dix huyt ans, lesquelz je ne veulx nommer. Et fut
l'amour si grant entre ces deux jeunes seigneurs que
le chevalier vouloit tousjours estre en la compaignée
du seigneur de La Tremoille, et souvent le menoit
passer le temps en son chasteau.

CHAPITRE VII.

De la grant et honneste amour qui fut entre le jeune
seigneur de La Trimoille et une jeune dame.

BIENTOST la jeune dame eut jour et nuyst davant les
yeulx la formosité et bonnes graces du jeune seigneur
de La Trimoille, et luy son excellente beauté, son humble maintien, gracieuse parolle, et honneste entretien;

Or avoyent ilz encores la vergongne de honnesteté davant les yeulx ; car la dame n'avoit onc mis son cueur
en aultre que son espoux, et le seigneur de·La Trimoille n'avoit onc employé son esprit, ne donné labeur à ses pensées, en faict de voluptueuses amours,
mais seullement es guerres, chasses, jouxtes, tournoys
et aultres passetemps honnestes ; et luy fut ce premier
desir venereux fort extrange ; car sa pensée n'avoit
seureté, et son couraige n'estoit en paix, mais assailly
d'assaulx interieurs, tant de jour que de nuyt, en sorte
que son noble cueur ne povoyt trouver pascience.
Encores n'estoit le seigneur de La Trimoille en si
continuelle guerre que la dame, car il avoit plusieurs
passetemps qui luy povoyent donner quelque oubliance ;
mais la pauvre dame (je dy pauvre d'amoureux confort, et riche de toutes aultres choses) demouroit tout
le long du jour en sa maison, sans rien faire ; au moyen
dequoy les pensées croissoyent immodereement on
jardin de son cueur, en sorte que, avant qui fussent
troys jours passez, une palleur de tristesse vinst saisir
son visaige, ses yeulx changerent leur doulx regard,
ses jambes se debiliterent, son repos n'avoit pascience,
souspirs et gemissemens sailloyent de son cueur, l'estomac qui plus ne les povoyt porter, les chassoit jusques à la bouche, qui en devinst toute alterée ; en sorte
qu'elle fut contraincte de demourer au lict, malade, non
de fievre, mais d'une saine maladie et d'une santé lan-
guissante. Son espoux la voulut conforter, et y fist venir
plusieurs medecins, et des plus expers ; mais ilz n'eussent peu congnoistre son mal au poux ne à l'urine,
ains à ses vehemens souppirs.

Le jeune seigneur de La Trimoille, se doubtant de

la qualité de son mal, à la raison de ce que puis peu
de temps avoit congneu que ceste dame (les joyeuses
compaignées habandonnées) s'estoit rendue toute solitaire pour mieulx satisfaire à ses amoureux pensemens,
et que en parlant avec elle davant son mary, ne povoyt
tenir propos, et souvent changeoit couleur, attendit
l'heure que les medecins s'en estoyent allez et qu'elle
estoit seulle en sa chambre, couchée sur ung lict, où il
alloit quant il vouloit, sans le dangier de jalousie, pour
la grant amytié que le chevalier avoit à luy. Et, eulx
estans hors de dangiers des rapporteurs, en hardiesse de
parler, luy dist : « Madame, on m'a presentement faict
« sçavoir que estiez arrestée de maladie dés le jour
« de hyer, dont j'ay esté fort desplaisant, parceque
« plustost fusse venu vous visiter et donner quelque
« consolacion, si je le povoys bien faire ; car il n'y a
« femme en ce monde pour laquelle je me voulusse
« plus employer. » L'œil et la parolle de ce jeune
seigneur (comme les premiers medecins) commancerent à passer par toutes les arteres et sens de son
hostesse, et, pour la doulceur qu'elle y trouva, commença se resjouyr et prandre quelque refrigerement
en sa vehemente fureur d'amours. Toutesfoiz, surprinse d'une louable vergongne, precogitant qu'elle
ne povoit honnestement aymer aultre que son espoux,
pour en avoir le delict charnel, differa de respondre
et de manifester à son amy la grosse apostume plaine
d'amoureux pensemens qu'elle avoit sur son cueur,
mais luy dist seullement qu'il n'y avoit au monde personnaige qui la peust guerir, fors luy (son mal bien
congneu), et, en disant ces parolles, gecta sur la face
de ce jeune seigneur, ung regard si penetrant, qu'il fut

navré on cueur plus que davant, et congneut asseu-
reement qu'elle estoit amoureuse de luy : pourtant ne
luy fist aultre response, fors que le medecin seroit
trop eureux qui pourroit une si louable cure faire.

Comme il luy vouloyt declairer le surplus de ses
amoureux desirs, survindrent aulcunes de ses damoyselles qui les departirent ; et se retira le seigneur
de La Trimoille seul en sa chambre où, embrasé du
feu d'amours, commença dire à tout par luy : « O
« quel perilleux et merveilleux assault, quel con-
« tagieux convy, quelle indefensable temptacion, quelle
« non inexorable priere, et quel dur et invincible
« assault m'a esté livré par la parolle et le regard
« d'une femme ! que doy je faire ? Amour me donne
« liberté d'acomplir mes plaisirs charnelz à mon
« souhayt, et honnesteté me le deffend, disant que ce
« seroit trahison faicte à son amy ; jeunesse me induyt
« à volupté, et mon esprit à choses plus haultes et
« vertueuses ; pityé me dit que je doy secourir celle
« qui languist pour l'amour de moy, et severité me
« defend maculler la conjugalle saincteté, et me
« commande que je garde ma chasteté à celle qui sera
« toute à moy et non à aultre. » Sur ces fantasies, et
aultres trop longues à reciter, ledict seigneur s'endormit en sa chambre.

La dame, apres le depart du seigneur de La Tremoille, fut pressée par ses damoiselles de prandre
quelque reffection, ce quelle ne voulut lors faire ; mais,
apres avoir faict sortir ceulx et celles qui estoient pres
d'elle, commença à penser plusque jamais en ce jeune
seigneur, et dire en son esprit : « O Dieu immortel,
« de quel seigneur et personnaige m'avez vous donnée

« l'acointance ? il me semble que l'avez seulement faict
« pour estre regardé et amé, et que avez commandé
« à nature le pourtraire pour le chief d'euvre de sa
« subtille science. Où est la femme qui, contemplant
« l'excellence de sa beaulté, ne fust de son amour sur-
« prinse ? Où est celle qui, congnoissant son gracieux
« maintyen, sa proesse, son honnesteté, sa perfection
« corporelle, et sacrée formosité, ne pensast estre bien
« eureuse si elle povoit sa bienveillance acquerir ? Où
« est la dame qui ne se dist bien fortunée d'estre en
« sa tant requise grace ? Et je voy, de l'autre part, la
« beaulté de mon espoux, son bon traictement, sa fide-
« lité, la grant amour que en reverance il me exibe,
« son honnesteté, la fiance qu'il a en moy, l'enormité
« scandaleuse de la transgression de la foy conjugalle,
« le deshonneur que je pourroys, pour aultre amer,
« acquerir, le dangier de tel crime, la fureur de
« mes parens, et l'injure que je ferois à tout mon noble
« lignage : toutes lesquelles choses sont par moy ou-
« blyées, en la veue de ce jeune seigneur, tant beau,
« tant bon, tant begnin, tant gracieux, tant amou-
« reux, et tant plain de bonnes graces, et lequel je ne
« puis fuyr, pour la grant amour qui est entre luy e
« mon espoux, et leur journelle frequentacion. O Dieu
« eternel, que doy je faire ? je suis en l'eaue, jusques au
« menton, toute alterée, et ne puis boyre ; je suis à la
« table remplie de viandes exquises, criant à la fain ;
« je suis au lict de repos, et le dormir m'est deffendu ;
« je suis es tresors jusques aux oreilles, et je mandie
« pour vivre ; j'ay le feu d'amours de tous coustez, et
« la glace de honte et crainte me gelle le cueur !
« O pauvre et desolée femme, que feras tu, fors atten-

« dre, pour le seul reconfort de mes douleurs, que la
« mort tire cruellement de mon las cueur l'amoureux
« traict de Cupido, et me frappe du sien mortelle-
« ment ? »

Combien que ceste visitacion eust augmenté les passions amoureuses non seullement du jeune seigneur de
La Trimoille, mais aussi de la dame, toutesfoiz prindrent ilz reconfort en leurs cueurs, par le commancement de congnoissance de leurs voluntez, et s'estu-
dierent celler leurs desirs et dissimuler leurs entencions
à tous autres, pour mieulx parvenir au fruict d'a-
mours ; mais ne fut possible, parce qu'ilz changerent de
contenance, de langaige et de propos ; et ne vouloyent
parler longuement ensemble en compaignée comme
avoyent acoustumé, parce que souvent changeoyent
couleur ; et se desroboyent à table et ailleurs plusieurs amoureux regars dont se apperceut le chevalier,
et y resva quelque peu : toutesfoiz la grant amytié
qu'il avoit au jeune seigneur de La Trimoille, luy fist
penser que le mourir seroit plustost par luy choisy
que le vivre au pourchasser de tel deshonneur faire
en sa maison, et en ousta sa fantasie. Ce nonobstant,
voyant meigrir le jeune seigneur de La Trimoille, et
devenir tout solitaire et pensif, luy demandoit souvent
qu'il avoit et s'il estoit amoureux : ledict seigneur en
rougissant luy disoit que non, et prenoit excuse sur
quelque aultre chose ; mais sa contenance, contrariant
à sa parolle, le rendoit coupable.

Au regard de la dame, elle languissoit, et avoit une
angoisse en son amoureux cueur, si grant qu'elle en
perdoit le boyre, le manger, et le dormir. Ses chan-
çons estoyent tournées en souspirs, ses joyeux propos,

4.

en solitude de pensées, et ses rys, en amoureuses lar-mes. Ledict seigneur estoit si pressé en son esprit qu'il eust bien voulu n'avoir ses amoureux pensemens, et souvent deliberoit se retirer à la Court ou ailleurs; mais soudain, par ung seul regard de la dame, en estoit diverty; aussi le chevalier le retenoit tousjours, et sans luy ne povoyt vivre. Et pource qu'il ne ousoyt si souvent parler à la dame qu'il avoit acoustumé, et que son amour luy avoit engendré suspeçon et crainte de jalousie, luy escripvit une lectre [1]

   Ceste lectre escripte de la main du seigneur de La Tremoille, portée à la dame par ung de ses paiges, duquel il avoit congneu le bon esprit, fut par elle, en sa chambre, incontinant apres son lever, sans au-cuns tesmoings, seretement receue; et, avant la lecture, pour obvier à toute suspeçon qui jà l'avoit rendue fort craintive, dist au paige : « Mon amy, le bon jour soit « donné à monseigneur vostre maistre; vous me recom-« manderez à sa bonne grace, et luy direz que sa lectre « veue, en aura bien tost responce. » Elle, laissée par le paige, alla ouyr la messe en la chappelle du chas-teau, en laquelle son espoux et ledit seigneur l'acten-

---

(1) *Luy escrivit une lectre* : l'auteur donne les lettres des deux amans qui sont fort longues et écrites en vers. Dans celle de La Trémouille, on remarque le passage suivant :

> Esbats et jeux, tous joyeux passetemps
> D'oiseaulx; chevaulx et chiens mis en contemps,
> Je ne quiers fors ung lieu de solitude
> Pour en amour gecter la mienne estude.
> Je quiers ung lieu secret pour le repos
> De mes pensiers et amoureux propos.
> Honnesteté si le me vient deffendre
> En me disant : « Ce seroit trop mesprendre,
> « Vers mon amy qui se confie en moy
> « Et que j'auroys perdu l'honneur de foy. »

doient pour avoir leur part de la devocion ; mais ne la
veirent à l'entrée et yssue, à la raison de ce qu'elle
entrée en son oratoire par une faulse porte, par icelle
mesme sortit, et s'en alla renfermer en son cabinet,
où elle fut jusques au disner seule, non sans fantasier
apres cesté lectre, en notant chescun mot d'icelle ; et,
pour y faire responce conforme à sa volunté, prinst
encre, plume et papier, et escripvit au seigneur de La
Trimoille.

CHAPITRE VIII.

*Commant la lectre de la dame fut portée au seigneur
de La Tremoille, et son amour descouverte au chevalier son espoux ; et commant le chevalier par
doulceur les retira de leurs folles affections.*

La lectre de la dame fut tant eureuse quelle trouva
messagier secret qui la mist entre les mains du seigneur de La Tremoille ; ce fut son paige qui avoit porté
la sienne à la dame ; mais la lecture en fut piteuse,
car il y eut en icelle lisant plus de larmes que de
bonne prononciation. Ses sens s'esloignoient de la raison, la langue se troubloit, le corps trembloit, le cueur
souspiroit, et les jambes luy failloient; en sorte que luy,
contrainct se gecter sur son lict de camp, fut long
temps sans parler ; et le plus grant danger de son mal,
c'estoit qu'il n'avoit à qui descouvrir sa malladie. Le
soupper fut prest, mais il perdit le souvenir de boire
et manger; ses paiges actendoient son yssue à la porte

de sa chambre, pour le conduire en salle avec torches ; mais il ne povoit trouver le chemin, et jusques à donner quelque pensement au chevalier que mal luy allast, mais non à la dame qui bien se doubtoit de sa malladie procedant de sa lectre plaine de varieté et mutacion de vouloir : une partie luy donnoit espoir de joissance, et l'autre le mectoit en desespoir ; en lisant aucuns motz, pensoit bien faire tout ce que son amoureux desir vouldroit, et en lisant aultres s'en trouvoit tresfort esloigné, et par raisons si vives que le replicquer luy eust esté honte, et le contredire deshonneste ; parquoy demouroit en langueur, qui est une angoisse d'amoureux cueur, laquelle ne peult celler son ennuy, et ne scet à qui le dire pour y trouver allegence : et brief la mort luy eust esté plus propre à le guerir de ce mal, que le remede trouver pour le mediciner, ainsi que bien luy sembloit à veoir la lectre de la dame.

L'heure du soupper passée, et sceu par les paiges que la porte de la chambre de ce jeune seigneur estoit par le derriere fermée, le chevalier alla luy mesme à la chambre, frappa à la porte, est entendu par le seigneur qui luy faict soudain ouverture, et le interroge de la cause de si longue demeure ; en rougissant respondit qu'il s'estoit trouvé mal et ne vouloit soupper. Toutesfoiz, pressé par le chevalier, qui congnoissoit à la rougeur de ses yeulx qu'il avoit ploré, s'en allerent mectre à table, et la dame avec eulx ; laquelle, empeschée de plusieurs et diverses pensées, rompit son honneste coustume de mectre en avant quelque bon propos, et passa le soupper sans mot dire. Le jeune seigneur, tourmenté de ses affec-

tions du dedans, parloit aulcunesfoiz ,. mais non
à propos; qui donna congnoissance au chevalier que
son mal procedoit d'amours, et que amoureux estoit
de sa femme, dont ne fist compte ; mais, interrum-
pant tousjours ses secretes pensées de parolles joyeuses,
s'efforçoit le gecter hors de ceste amoureuse angoisse.
La table levée et graces dictes, deviserent ensemble
demye heure seulement, contre leur coustume qui
estoit actendre mynuit ; et fut conduict le jeune
seigneur, par le chevalier et sa femme, en sa chambre,
où elle fut laissée ; mais incontinent après congié
prins de luy, par ung secret et gracieux baiser, pour
ouster toute suspection, se retira en la chambre de
son mary ; et le jeune seigneur, pour donner repos
à la douleur qui tant le pressoit, se coucha ; mais
le dormir ne fut si long que la veillée.

Or voyons nous en quelle destresse estoyent ces deux
personnages pour trop aymer, dont le chevalier eut
par conjectures quelque congnoissance, car il estoit
assez mondain et de grant esprit. Toutesfoiz n'en fist
lors semblant; et apres s'estre couché pres de sa femme,
en lieu de dormir, se mist à diviser avec elle de ses
jeunesses et bons tours qu'il avoit faict en amours
avant son mariage, luy disant, « que c'estoit la plus
« grant peine du monde, et se doubtoyt que le seigneur
« de La Trimoille le fust, mais ne sçavoit de quel
« personnaige, et ne le povoit ymaginer, ne penser à
« la raison de ses perfections de nature, richesses, et
« dons de grace, et que la dame seroit fort eureuse
« qui de luy seroit par honneur aymée. Et si je sça-
« voys, disoit le chevalier, en quelle dame il a mis
« son cueur, je laisseroys le chemin de mon repos, et

« prendroys celluy de son labeur, car il le vault. —
« Et si c'estoit de moy, dist la dame, que diriez-vous?
« — Je diroys que vous vallez bien de estre aymée,
« mais je pense qu'il a si loyal cueur qu'il ne voul-
« droit maculler nostre lict pour chose du monde,
« et qu'il aymeroit mieulx mourir que le faire, et
« aussi qu'il congnoist et considere la perfection de
« voz vertuz, et l'arrest d'amour qu'avez faict en moy.
« Et neantmoins si, par une passion de desir qui es-
« veille les clers entendemens des hommes et femmes,
« estoit tumbé en cest inconvenient dont ne peust
« sortir sans mort, fors par la jouyssance de vous,
« pourveu que Dieu n'y fust offencé, voustre honneur
« macullé, et ma noblesse souillée, je y donneroys
« plustost consentement que à sa mort. Je vous prie,
« m'amye, s'il est ainsi qu'il ne me soit cellé. — Je
« vous asseure, mon amy, dist la dame, que c'est de
« moy; mais saichez que c'est d'une amour tant hon-
« neste qu'il aymeroit mieulx mourir que de vous
« offencer, ne me donner reproche; et vous ayme
« tant, comme il m'a dict, que l'amour qu'il a à vous
« combat à celle dont il me ayme, qui est la princi-
« palle cause du mal qu'il seuffre, duquel mal, sans
« vous en mentir, je supporte partie sur mon cueur,
« par pitié qui ne luy puist ne doibt secourir.

   « M'amye, respond le chevallier, nous trouverons
« moyen de luy donner alegence, par ce que je vous
« diray. Demain, apres disner, iray, avec mes servi-
« teurs, en tel lieu, sans retourner jusques au lende-
« main. Ce pendant irez à sa chambre, et luy porterez
« une lettre que je feray, vous offrant par mon congié
« à sa mercy. Si je ne vous congnoissoys saige, pru-

« dente et chaste, ne vous bailleroys ceste liberté, la-
« quelle pourriez prandre ; mais il me semble que
« aultre moyen n'y a pour le guerir de son mal,
« duquel plusieurs jeunes seigneurs sont mors ou
« tumbez en quelque grant necessité. » En tenant ces
propos, apres aulcuns honnestes baisiers, le chevallier
s'endormit, mais non la dame, laquelle passa le reste
de la nuyt en larmes, qui laverent son cueur de l'in-
fection de ses amoureux pensemens, à la consideracion de la bonté et honnesteté de son espoux, à sa
doulceur et benignité, à l'amytié qu'il avoit au jeune
seigneur, et à la grant confiance qu'il avoyt à elle.
Le chevallier se leva matin, et d'ung gracieux baiser
par luy donné à son espouse, qui sur le matin s'estoit
endormie, la reveilla, et luy renouvella en briefves
parolles leur deliberacion de la nuyt; et luy, prest
de ses acoustremens, se retire en la chambre de son
secret, où il fist une briefve epistre. Ce pendant le
jeune seigneur de La Trimoille, tout desollé des songes
et fantasmes nocturnes, se leva, et, la messe ouye, avec
le chevallier et la dame disnerent assez matin. Le
disner faict, le chevallier dist au seigneur de La Trimoille qu'il voulloit aller à une sienne maison pour
quelque affaire, et que le lendemain seroit de retour, à
disner. Ledict seigneur offrit et pressa le chevallier de
luy tenir compaignée; mais par honneste excuse l'en
refusa.

Or fut bien tos prest le chevallier, et, sa lettre
baillée à son espouse, monta à cheval, accompaigné de
ses gens, pour aller où il avoit dict en presence dudict
seigneur et de la dame ; lesquelz hors du dangier des
serviteurs (qui souvent dient plus qu'ilz ne savent).

se retirerent seulz en la chambre de la dame; où elle,
toute honteuse, luy demanda : « Monsieur, commant
« vous est-il allé ceste nuyt ? — Assez mal, dist-il,
« car je l'ay passée en souspirs, fantasies, et songes
« merveilleux. — Et je l'ay acompaignée, dist la
« dame, de larmes et pleurs; car mon mary, congnois-
« sant nostre amour, m'en a bien avant parlé, non
« comme jaloux de vous, mais comme le plus grant
« amy qu'il ayt et qu'on pourroit avoir en ce monde,
« car, son interest mis arriere et mon honneur ou-
« blyé, m'a prié vous mettre hors des laqs d'amour,
« desquelz vous et moy sommes si estroictement liez,
« et m'a chargé vous bailler ceste lettre. » Le dict
seigneur fut tant esbay de tel propos qu'il perdit la
parolle; car tant aymoit le chevallier qu'il eust bien
voulu mourir pour luy en juste querelle; et, sa bouche
ouverte par le commandement du cueur, apres s'estre
par les yeulx deschargé de ses souspirs, prinst et leut
la lettre (¹).

(¹) *Et leut la lettre :* cette lettre est encore une longue pièce de vers.
Le chevalier dit au jeune La Trémouille qu'il est indigne de lui d'adres-
ser ses vœux à la femme d'un autre; que s'il obtenoit ce qu'il désire, il
seroit livré à d'éternels remords, et qu'il doit se distraire de cet amour
en faisant un mariage honorable. Il ajoute que, connaissant son noble
caractère, il s'est éloigné pour le laisser entièrement libre. Les éditeurs
de l'ancienne collection, ne voulant pas conserver ces vers fort mé-
diocres, en ont fait une lettre en prose, où ils se sont efforcés d'imiter
le vieux langage.

CHAPITRE IX.

L'honneste moyen par lequel le jeune seigneur de Là Trimoille et la dame se departirent de leurs secretes amours.

La lettre du chevallier ne fut leue par le jeune seigneur sans donner repos à sa langue pour descharger son triste cueur de angoisseuses larmes, et moins n'en faisoit la dame ; la pitié de laquelle augmentoit la passion du lecteur, en sorte que une heure fut passée avant le parfaict. Ceste lettre eut telle vertuz que (toute folle amour chassée) raison ouvrit leurs intellectuelz yeulx pour congnoistre l'honnesteté, bonté et prudence du chevalier, leur folle entreprinse, inconsideracion, et immoderées voluntez. Et commença dire le jeune seigneur. « Ha! madame, voyez vous point
« mon tort? vous est ma coulpe absconse, est pas ma
« faulte descouverte, quant, par deceptifz propos,
« regards impudiques, et amoureux baisiers, je vous
« ay voulu divertir de la vraye et simple amour que
« devez avoir à vouste seul espoux tant bon, tant
« gracieux, et tant honneste : devoys je point sa bonté
« considerer, son amytié gouster, et ses biensfaictz re-
« duyre à memoyre ? Il m'a receu en sa maison, et
« sans deffiance m'a tant de foiz laissé seul avec vous,
« vous baysant et divisant par passetemps, et, à pre-
« sent, congnoissant ma langueur et le dangier de
« mon mal, a tant eslargy sa severité, que, vostre

« honneur oublié, nous a laissé licence, espace et
« temps pour executer les passions de noz amoureux
« desirs. » Autant en disoit la dame, et tindrent ces
bons et honnestes propos jusques environ quatre
heures devers le soir, que ledit seigneur monta sur
une hacquenée, et seul s'en alla au davant du chevalier,
lequel fust rencontré à une lieue pres : apres double
salut fait et rendu, feirent aller les serviteurs davant,
et demeurerent assez loing derriere. Le jeune seigneur
se excusa envers le chevalier, au mieulx qu'il luy fut
possible, et l'asseura par serment que sa lettre avoit
ésté la seulle medecine de sa playe, et que, quelque
amour qu'il eust à son espouse, estoit tant honneste
qu'il eust mieulx aymé mourir que maculer la loy et
foy de leur mariage, qui estoit la cause de son grief
mal ; car sa passion sensuelle vouloit ce que raison luy
deffendoit.

Le chevalier aussi s'excusa envers luy de sa lettre,
disant qu'il ne presuma onc qu'il voulust mettre à
effect ses pensées. Et en ce propos arriverent au chasteau, où ilz trouverent le souper prest, et la dame
avec autres gentilz hommes qui les attendoyent. Le
jeune seigneur fut contrainct par le chevalier se asseoyr
davant la dame, et congneut leurs contenances toutes
changées, et qu'ilz avoyent mis arriere une grant
partie de leurs amoureuses fantasies. Apres souper
il y eut tabourins et instrumens, dancerent et diviserent assez tard, puis chascun se retira en sa chambre. Et comme ledict seigneur fut seul en son lict, fut
encores assailly par ung gracieux souvenir de la dame,
en reduysant à memoyre ses graces et façons tant honnestes, et luy estoit encores demouré quelque relique

de ses amoureuses passions, dont ne se povoit aisement descharger; mais le bon tour que *luy avoit faict le chevalier,* chassa ces pensées, et il s'endormist.

CHAPITRE X.

Comment le jeune seigneur de La Trimoille laissa la maison du chevallier, et s'en alla au trespas de monsieur son pere.

Quand il fut jour, le jeune seigneur de la Trimoille se treuva bien deliberé de plus ne donner lieu aux amoureuses pensées du temps passé; et comme il se vouloit lever, luy vindrent nouvelles certaines que monsieur son pere estoit griefvement malade et pres de la mort. Parquoy soubdain envoya vers le chevallier sçavoir s'il pourroit lors parler à luy; lequel soubdain venu, et le bon jour donné par l'ung à l'autre, s'enquist commant il avoit passé la nuyt; et ledict seigneur luy declaira la nouvelle qu'il avoit eue de la maladie de monsieur son pere. Si luy conseilla lors aller vers luy en diligence dés ledict jour; ce qu'il delibera, mais avant son soubdain partement, apres la messe ouye, en actendant le disner, alla prandre congié de la dame, qui n'estoit encores sortie de sa chambre; et apres l'avoir gracieusement saluée luy dist : « Madame, je suis l'homme le plus tenu à vous
« que à toutes les humaines creatures, tant pour le bon,
« traictement que m'avez faict en vostre maison, que
« pour les grans sies d'amour que m'avez monstrez,

« dont je me sens vostre perpetuel tenu et obligé; et
« si je puis me trouver en lieu pour en recongnoistre
« le tout ou partie, je vous asseure que je y emploie-
« ray corps et biens. Je suis contrainct de m'esloygner
« de vous, pour quelque maulvaise nouvelle que à ce
« matin m'a esté apportée de monsieur mon pere,
« fort malade et en dangier de mort; il est mon pere,
« je luy doy obeissance et amour naturelle; et si je
« n'alloys vers luy pour le visiter et consoler, et qu'il
« mourust sans le veoyr, ce me seroit ung perpetuel
« reproche et ennuy mortel qui tousjours presenteroit
« regret et tristesse à mon cueur. Et pour ce je vous dy
« adieu, madame, jusques à mon retour, du temps
« duquel je ne suis asseuré. » Jà commençoit le
cueur de ce jeune seigneur à se descharger de la furieuse amour qu'il avoit eue à ceste dame, à la consideracion des bons tours et offres que luy avoit faictz
le chevallier son espoux.

Au dire adieu le jeune seigneur presenta à la dame
ung gracieux baysier, qui courtoysement l'accepta.
Toutesfoiz ceste nouvelle, ainsi soubdain venue, la con-
trista par ung amoureux regret, et se trouva quelque
peu de temps hors de soy, sans povoyr dire mot pour
la responce; les larmes qui tost apres sortirent de ses
yeulx, luy ouvrirent le cueur; et commença à parler
en ceste sorte : « Je ne vouldroys, monsieur, à vostre
« dommaige retarder vostre depart, car je vous ame
« de sorte que le plaisir donne lieu à l'honneur et
« proffit de vostre personne. Toutesfoiz si tousjours
« povois estre en vostre compaignée, sans le maul-
« vaiz parler des gens, je m'extimerois la plus eureuse
« femme de la terre qui ne se peut faire, parce que

« j'ay ma foy donnée à ung aultre, et je pense bien que
« brief serez tout à quelque dame de laquelle je voul-
« drois bien estre la simple damoyselle. Vous savez,
« monsieur, les secretes choses de noz affections qui,
« à Dieu graces, n'ont sorty effect, mais sont de-
« mourées entre les mains de honneste vouloir. Je
« vous prie que en ceste sorte il vous plaise n'oublier
« l'amour de celle qui vous tiendra tousjours escript
« en sa memoire par saincte et charitable amytié. »

Avec telz ou semblables propos ce jeune seigneur
laissa la dame en sa chambre, mais non sans gecter
quelques larmes de ses yeulx, car, jaçoit ce qu'il fust
hors de tout maulvaiz vouloir, toutesfoiz estoit encores
la racine de charnelle amour en son cueur, laquelle
fut desracinée au moyen de la corporelle separacion,
qui est l'ung des grans remedes d'amours qu'on pourroit
trouver. Et, apres avoir disné tous ensemble, et ung
aultre general congié prins de la dame, partyt
pour faire son voiage, non sans la compaignée du
chevalier, qui le conduyt jusques à la couchée; et en
chevauchant diviserent de plusieurs choses, dont le
chevalier fut tres joieux, et s'en retourna à sa maison
tres contant. Son espouse fut long temps toute honteuse dont tant elle avoit esdiré son esprit, et ne
passoit ung jour, que, en considerant le dangier où
s'estoit mise, ne gectast quelques larmes de desplaisir, qui la rendit si tressaige et bonne qu'elle
passoit toutes les aultres; et pour une vertu qu'elle
avoit eu auparavant, en recouvra deux, savoir est,
chasteté et humilité.

Le jeune seigneur de La Tremoille trouva son pere
en extremité de mort, car tost apres sa venue alla de

vie à trespas, delaissez ce jeune seigneur et ses troys
freres, Jacques, Georges et Jehan, et certaines filles tous
mineurs et en bas aage. Mais parce que ledict jeune seigneur estoit filz aisné et principal heritier, eut la charge
du tout, et, leur pere honnorablement ensepulturé et
obsequié, donna ordre à sa maison et estat de luy et
de messieurs ses freres. Et bien tost apres, par le conseil de ses amys, retourna à la court du roy de France,
où il avoit estat, pour recouvrer les terres de la vicomté de Thouars, principaulté de Thalmond, Amboyse, Montrichart, et aultres de grant revenu que le
roy Loys avoit mises en sa main à tort et contre raison,
par une execution de particuliere volunté et desir de
vangence, qui estoit la seulle apparente maculle qui
fort a obscursy les aultres bonnes condicions de ce
roy, ainsi qu'on peult veoyr par sa cronique.

CHAPITRE XI.

*Commant le seigneur de La Trimoille fut restitué en
la vicomté de Thouars, et aultres grosses seigneuries à luy appartenantes à cause de sa feue mere,
fors d'Amboyse et Montrichart.*

Or s'en allerent ces troys jeunes seigneurs à Tours,
parce que le roy Loys estoit au Plesseis, qui est ung
sejour royal au cousté de ladicte ville, auquel lieu s'estoit retiré, pour trouver repos à son acoustumé labeur
et se separer des grosses compaignées à luy desplai-
santes, et de l'acces des princes de son sang et aultres

gros seigneurs qu'il avoit en grant suspection, laquelle
procedoit de ce qu'il avoit voulu estre crainct de tout
le monde, et, comme dict Tulle en ses Offices, il advient que ceulx qui veullent estre crains, craignent non
seullement les grans, mais les petiz. Le jeune seigneur
de La Trimoille fut hors le train d'amours, et la dame
oubliée, apres laquelle il avoit tant reveillé son subtil
et facil engin, prinst le chemin de proffit particulier et
de penser la maniere par laquelle pourroit recouvrer
ses terres, par le Roy injustement occupées. Il avoit
plusieurs amys en Court, princes et aultres, mais aulcun d'iceulx n'eut la hardiesse d'en parler au Roy,
doubtant sa furieuse ymaginacion. On le conseilla se
adroisser à l'arcevesque (1) de Tours, de l'ordre des
freres mineurs de grant saincteté, qui parloit hardie-
ment au Roy de ce qui concernoit le faict de sa conscience, et, par craincte de mort ou exil, ne differa onc
de confondre ses desordonnées excuses.

A ceste consideracion, le jeune seigneur de La Trimoille se adroissa audit arcevesque, qui tres voluntiers
luy presta l'oreille, et, la qualité de son affaire congneue, dont aultresfoys on luy avoit tenu propos,
promist en parler au Roy, à la premiere disposicion
qu'il congnoistroit estre en luy pour se ranger à la raison, ce que fist ce bon arcevesque, qui joyeux estoit
de faire administrer justice à ceulx qui la demandoyent, mais non si tost, car la maladie du Roy estoit
si vehemente et pressante que, en la fureur d'icelle,
homme quel qu'il fust n'ousoit commancer ung propos

---

(1) *Se adroisser à l'arcevesque :* ce courageux prélat s'appeloit Élie
Bourdeille. Il fut nommé cardinal le 15 novembre 1483, deux mois et
demi après la mort de Louis XI.

hors sa fantasie ou ymaginacion. Fortune disposa
l'heure du relasche de son mal avec la venue de l'arcevesque de Tours, lequel, voyant l'esprit du Roy bien
temperé pour y trouver ce qu'il demandoit, luy dist
à secret : « Syre, il a pleu à vostre royalle magesté me
« descouvrir plusieurs syndereses et scrupules de vos-
« tre conscience, et entre aultres du tort que vous tenez
« aux enfans de la fille du vicomte de Thouars, le filz
« aisné desquelz (qui est le seigneur de La Trimoille
« que fort bien aymez) m'a plusieurs foiz prié vous
« en parler, à ce que, en administrant justice, eussent
« de leurs terres et seigneuries restitucion. —Je ne les
« ay prinses, dist le Roy, pour les retenir ; mais vous
« entendez, monsieur l'arcevesque, commant les prin-
« ces du sang m'ont traicté, soubz la confiance du duc de
« Bretaigne et du feu duc de Bourgongne, et que si
« je n'eusse par severité rompu leurs entreprinses, fusse
« demouré le derrier roy des nobles malheureux on (1)
« livre de Bocace. Or, au moyen du parentaige et al-
« liance qui estoit entre le feu duc de Bretaigne et le
« feu vicomte de Thouars, Loys d'Amboyse, doubtant
« qu'il fust de sa faction, et que, au moyen des grosses
« seigneuries qu'il avoit en Poictou es frontieres de
« Bretaigne, le duc de Bretaigne peust entrer en mon
« royaulme, je mis en ma main ses terres et seigneu-
« ries, non pour les retenir, mais pour les garder à ce
« jeune seigneur de La Trimoille, lequel, à mon juge-
« ment, sera l'ung des principaulx protecteurs et def-
« fenseurs de la maison de France ; et si bien entendez
« la fin de mon execucion, ce a esté pour le mieulx,
« et à ce que, pour l'offence que eust peu commectre

(1) *On* : ce mot est souvent mis pour *au!*

« ledict d'Amboyse, par l'importunité des aultres
« princes de mon sang, ce jeune seigneur ne fust en
« dangier de perdre le tout, et aussi pour tenir en
« craincte cest enfant, lequel, par presumption de ri-
« chesse, pourroit prandre si grant hardiesse qu'elle
« tumberoit en irreverence et faction. La jalousie de
« ma renommée a tenu ma memoyre au passé pour
« eslire le meilleur du present et advenir, en sorte que
« par temperance et severité (mes ennemys surmon-
« tez) je suis en mon royaulme, paisible, herite d'ung
« filz qui est l'ymaige de ma temporelle felicité.

« Toutes ces choses, si en ceste consideracion les
« avez faictes, dist l'arcevesque, procedent de Dieu;
« et, puis que le dangier de l'advenir par vous preveu
« est passé, me semble que vostre naturel doit à pre-
« sent vaincre l'accident de vostre craincte; et, actendu
« que vous estes de voz adversaires le surmonteur,
« devez ouster le moyen que doubtiez estre nuysible
« à vostre intencion; vous estes debteur à vostre
« vertu, et à ce vous oblige vostre royalle condicion;
« vous mesmes reparez ce tort, et ne vous en confiez
« à ceulx qui n'auront apres vostre mort memoyre
« de vous. » Le Roy remist la conclusion de cest affaire à ung aultre jour; mais pourtant ne demoura
en arriere, car ledict arcevesque fut tant pressé du
jeune seigneur de La Trimoille, que par aultresfoiz
en parla au Roy, et finablement, par le commandement du Roy, mena en sa chambre, en laquelle aucun
des princes lors n'avoit entré, le jeune seigneur avec
ses aultres troys freres; et la reverence par eulx faicte
au Roy, comme appartenoit, par son commandement,
le jeune seigneur, meslant ses saiges parolles avec ung

5.

peu de honte reverencialle, commencea à parler à
luy, disant :

« Si par nature ou coustume estoit une chose ar-
« restée entre les hommes, o tres illustre et trium-
« phant Roy, que ceulx auxquelz Dieu a donné l'auc-
« torité et puissance de exercer et administrer justice,
« ne regardoient fors aux loix privées de leurs pas-
« sions et affections, et que leurs voluntez fussent par
« dessus la raison, ne extimerois aucun lieu nous estre
« laissé pour vous faire priere ; mais, congnoissans le
« parfaict de vostre prudence, qui ne vous permist onc
« faire chose par si legiere credulité, que n'aiez tous-
« jours tenu la sentence en suspens, et que ne voul-
« driez charger l'innocence par le conseil de vostre
« seul vouloir prins de chose suspeçonneuse, aussi
« que l'homme de vertu ne se despouilla onc tant de
« humanité qu'il aye perdu la memoire de clemence
« et pitié, la doulceur de laquelle a souvent penetré
« les insupportables rigueurs des gens barbares, mo-
« liffié les cruelz yeulx des ennemys, et humilié les
« insolens espritz de victoire, ce ne luy est chouse
« haulte ne difficille trouver asseuré chemyn entre les
« armes contraires, et les glaives evaginez : elle vainct
« toute ire, prosterne et abat hayne, et mesle l'ostille
« sang avec les hostilles larmes ; par laquelle Hanni-
« bal de Cartage emporta plus de gloire que par la
« victoire qu'il obtinst contre Paulus Gracchus et Mar-
« cellus, rommains consulles, lors qu'il les feit, apres
« les avoir occis, honhorablement ensevelir : pour ces
« consideracions nous retirons à vostre benignité,
« doulceur et clemence.

« Certes, si jamais espoir de mansuetude fut en gens

« miserables et pour miserable cause, elle doyt estre
« en mes freres et moy, tres redoutable prince, tant
« pour nostre jeunesse et pupillarité, que pour l'in-
« nocence de nostre ayeul maternel, qui onc n'entre-
« prinst faire chose contre vostre royalle magesté, et
« dont il peust estre de desobeissance suspeçonné; et
« plus y avoit de raison à considerer les maulvaises
« meurs de ceulx qui vous ont à ceste ire provocqué,
« que croire à leurs calumpnieux et non veritables rap-
« ports. Et si nostre ayeul avoit failly, dont ne voulons
« contendre ne prandre querelle, mais du tout nous
« soubmectre à vostre royalle bonté, vous plaise con-
« siderer, o prince tres humain et clemens, que nostre
« ayeul, et sa fille et heritiere unicque, nostre mere,
« sont decedez et n'ont aultres heritiers que nous, voz
« tres humbles et tres obeissans subjectz et serviteurs,
« lesquelz, comme de vous cherement amez, avez de
« dessoubz l'helle de naturelle mignardise retirez, et
« mis au nombre de ceulx qui veulent estre gens de
« bien. A ceste consideracion, plus raisonnable chose
« seroit noz biens estre par equité remis entre noz
« mains, que laissez par tyrannie à ceulx lesquelz ont
« puis nagueres prins tiltre de renommée, plus par
« l'auctorité que soubz vous usurpent, que par leurs
« vertuz et merites.

    « Vous plaise considerer les services et merites de
« noz parens, le vouloir qu'ilz ont eu à l'exaltacion de
« la gloire de France, et que bataille n'a esté faicte,
« puis six vingts ans, qu'ilz n'y aient esté retournans
« d'icelles à leur honneur. Onc ne furent repris de
« chose pour laquelle les roys voz predecesseurs ayent
« eu occasion de gecter sur eulx, ne sur nous, les

« yeulx de indignacion. Vous entendez assez que en
« gardant les loyers se conservent les subjectz. Pour
« ces raisons, et aultres que bien entendez, Sire, vous
« plaise nous faire rendre et restituer noz terres ; et en
« faisant raison et justice, nous obligerez par redoublée
« gratitude, liberalité, et munificence, à tousjours estre
« perpetuelz serviteurs de vous et de vostre royaulme. »

Les sens et faconde du jeune seigneur de La Tremoille, meslez avec prudente hardiesse, consolerent tres
fort le Roy, lequel ne interrumpit son parler ne y
prinst aucun ennuy ; mais, meu par ses prieres qui
penetrerent la severité de son esprit, et vindrent jusques à luy ouvrir le cueur, luy feit responce : « Mon
« amy Trimoille, retirez vous à vostre logis avec voz
« freres ; j'ay bien entendu tout ce que m'avez dict ; je
« pourvoieray à vostre affaire par le conseil de mon-
« sieur de Tours, en sorte que aurez matiere de me
« appeller roy et pere. » Le presser eust esté plus
nuysant que proffitable, les condicions du Roy bien
entendues, qui empescha le replicque de ces nobles
enfans, lesquelz se retirerent à leur logis. Et dix ou
douze jours apres, le Roy, sollicité par l'arcevesque de
Tours, manda venir vers luy le jeune seigneur de La
Trimoille, auquel dist : « Mon amy Trimoille, je
« t'ay prins des l'aage de treze ans, esperant que tu
« seroys en l'advenir l'ung des propugnacles de mon
« royaulme, le deffenseur de mon ceptre, et souste-
« nement de ma couronne, pour mon filz unicque
« Charles, lequel je te recommande. Long temps y
« a que maladie me persecute ; et me semble que
« la mort est aux espies pour me prandre, ce que ne
« puis évader ; je te prie que ne soye frustré de mon

« espoyr; l'une des bonnes condicions en toy congneues,
« c'est que tu as surmonté envie par louhée humilité,
« et par pacience, acquis le nom de fort : l'une te fera
« prosperer en ma maison, et l'autre triumpher en
« guerre; je te prie continuer. Au regard de tes terres
« de Thouars et aultres estans en Poictou, j'ay ordonné
« par mes lettres patentes qu'elles te soyent rendues,
« comme à toy de droict appartenans et dont je ne
« vouldrois la retencion; mais je te prie prandre re-
« companse d'Amhaise et de Montrichard, par autant
« que le sejour de Touraine m'est fort agreable, à la
« raison de ce que mon filz y est nourry, et pourra
« en l'advenir mieulx aymer ce territoyre que aultre.
« — Sire, dist le jeune seigneur de La Trimoille, je
« feray tout ce qui vous plaira, et vous mercy de voz
« remonstrances et de la restitucion que avez ordonné
« me estre faicte. »

Le jeune seigneur de La Trimoille fist ses diligences
de recouvrer ces lettres de restablissement, et à ce
faire eut merveilleux labeur, et neantmoins ne peult
encores jouyr desdites terres, à la raison de ce que le
Roy estoit griefvement malade, et que son mal luy
empiroit de jour en jour; aussi que demy an apres ou
environ, alla de vie à trespas, qui fut en l'an 1483;
auquel succeda monsieur le Daulphin son filz unique,
nommé Charles huytiesme de ce nom. Aussi laissa
deux filles ses heritieres, l'aisnée, nommée Anne, mariée avec le seigneur de Beaujeu, frere du duc de Bourbon; et l'autre, nommée Jehanne, espousée par force,
ainsi qu'on disoit, avec monsieur Loys, duc d'Orleans;
elle estoit belle de visaige et de clers meurs et vertuz, mais contrefaicte du corps, aumoyen desquelles

choses fut depuis repudiée, et leur mariage declairé nul, comme nous verrons si Dieu le donne.

CHAPITRE XII.

Comment le seigneur de La Trimoille fut appellé au service du roy Charles VIII, et comment on traicta le marier avec madame Gabrielle de Bourbon, de la maison de Monpensier, et alla la veoir en habit dissimullé.

CHARLES huytiesme de ce nom, filz unique du feu roy Loys XI, fut couronné roy de France en l'aage de quatorze ans, la jeunesse duquel donna occasion à ambicion de diviser d'avec luy les princes de son sang, lesquelz hannelloyent et aspiroyent pour les honneurs ou avarice avoir la regence et gouvernement de luy et de son royaulme, et entre aultres monsieur Loys, duc d'Orleans, qui lors estoit de l'aage de vingt et troys ans, et aussi le duc de Bourbon; lesquelz ne se declairerent si tost. Toutesfoiz madame Anne de France, seur du Roy et espouse du seigneur de Beaujeu, de la maison de Bourbon, laquelle avoit le gouvernement de la personne du Roy, se doubtant de ces entreprises, y pourveut; et, dés l'année du trespas dudict roy Loys, voulant gaigner princes et seigneurs, à ce qu'ilz ne se destournassent de leur fidelité, et voyant le jeune seigneur de La Trimoille prosperer en biens et en toutes vertuz appartenans à ung chief de guerre et conducteur d'une chose publique, et qu'il avoit merveilleux vouloyr de servir le Roy et le royaulme, le fist mettre aux estatz du Roy, et luy parla de le marier avec madamoyselle Gabrielle de Bourbon, fille du comte de Monpensier.

Le mariage estoit moult beau et honneste, car ladicte Gabrielle estoit descendue du roy sainct Loys; et pour l'entendre est à presupposer que le roy sainct Loys eut plusieurs enfans, et entre aultres Phelippes le tiers de ce nom, qui fut roy apres luy, et monsieur Robert qui fut comte de Clermont; ledict Robert eut ung filz, nommé Loys, aussi comte de Clermont, et premier duc de Bourbon, dont vinst Pierre, second duc de Bourbon; lequel eut ung filz, nommé Loys, qui fut tiers duc de Bourbon, dont vinst Jehan, quatriesme filz, qui eut deux filz, Charles, cinquiesme duc de Bourbon, et Loys, premier comte de Monpensier, pere de ladicte madame Gabrielle de Bourbon, et de monsieur Gilbert de Monpensier, qui fut lieutenant general du roy Charles VIII, et vy roy de Naples, où il deceda; à luy survivans deux filz, entre aultres ses enfans, Charles, et ung aultre qui fut occis en la journée saincte Brigide, comme nous verrons cy apres; et ledict Charles fut connestable de France, et marié avec madame Suzanne, fille dudict seigneur de Beaujeu et de madame Anne de France.

Ledict seigneur de La Trimoille, en continuant la fortune de ses predecesseurs, lesquels tousjours se allierent des maisons des princes, desira fort ce mariage; et, combien que peu en parlast, toutesfoiz n'en pensoit moins, car maintes nuytz estoyent par luy passées, sans dormir, aux pensées de ceste jeune dame, de laquelle luy fut apportée la portraicture apres le vif,

que j'ay par plusieurs foiz veue, et en fut tres fort amoureux, mais la longue distance du pays d'Auvergne où
elle estoit, ne permettoit qu'il en eust la veue au naturel; dont il avoit peine par passion de desir. Or n'eust
il ousé y aller, de peur de mal contanter madame de
Beaujeu, et voluntiers se fust faict invisible pour fur-
tivement la veoyr. Souvent luy estoit parlé dudict mariage, de par madame de Beaujeu, et elle mesme luy
en parla ; tousjours respondit qu'il feroit ce qu'il
plairoit au Roy et à elle, et qu'il n'auroit jamais
femme espouse que par leurs mains. Il estoit fort courroussé qu'on ne luy disoit : « Allez la veoir jusques à
« Monpensier » ; mais il n'ousoit en faire la requeste; et
ung jour dist à madame de Beaujeu, que pour neant
on parloit de ce mariage, et qu'il failloit savoir la volunté de celle sans laquelle on ne pourroit rien faire.

Fut advisé que ung des gentilz hommes de la maison du Roy, fort grant amy du seigneur de La Tremoille, auroit ceste commission, et iroit; dont ledict
seigneur fut tresjoyeux, car il entreprinst avec ce gen-
til homme qu'il iroit avec luy, en habit dissimulé, à ce
qu'il ne fust congneu : et, pour le faire secretement, demanda et eut congié pour aller à sa maison, à ce qu'il
retourneroit dedans quinze jours. Le gentilhomme
partit ung jour avant luy, asseuré du lieu ouquel
avoit promis l'actendre, où se trouverent deux jours
apres ; delà s'en allerent où estoit la jeune dame, et lo-
gerent ensemble; mais ledict seigneur laissa son train
à six lieues de là, à ce qu'il ne fust congneu. Et prinses
les lettres de creance de madame de Beaujeu, en feit le
present, en habit dissimulé, à ladicte jeune dame que
tant desiroit veoir. L'ung et l'aultre se saluerent gra-

cieusement, et, la lectre leue, la jeune dame, en grant
doulceur et toute honteuse, luy dist : « Monsieur, la
« lectre que j'ay receue de par madame ma tante, ·
« porte que je vous croye de ce que vous me direz de
« par elle. »

« C'est, dist le jeune seigneur de La Tremoille, qui
« jouoit le personnage du gentilhomme qui l'actendoit
« au logeis, que je suis chargé savoir vostre volunté
« du mariage duquel madame vostre tante vous a puis
« nagueres faict parler de vous avec le jeune seigneur
« de La Tremoille, parce qu'on le presse de le marier
« ailleurs. — Je ne le vy onc, dist la jeune dame,
« mais sa bonne renommée me faict extimer que je
« serois eureuse si me vouloit prandre, car on dit que
« de toutes les vertuz qu'on sauroit souheter es hommes,
« il en a si bonne part qu'il est amé et en bonne ex-
« time de chascun. — Je vous asseure, madame, s'il
« est en voustre grace, que vous estes autant ou mieulx
« en la sienne, et que depuis le temps qu'on luy a
« parlé de vous, ne s'est trouvé en lieu de familiarité
« qu'il n'ayt mis en avant quelques parolles de vos
« bonnes graces, et la chose qu'il desire plus pour le
« present, comme il m'a dict, est que vous soyez ma-
« riez ensemble, et eust bien voulu avoir la commis-
« sion de vous venir veoyr, non qu'il doubte du bon
« rapport qu'on luy a faict de vous, mais pour con-
« tanter l'affection de son amoureux desir. — Il me
« suffist, dist la jeune dame, de le veoyr pour le pre-
« sent, on bon rapport des hommes et femmes; je prie
« à Dieu qu'en honneur je le puisse veoyr par loyal
« mariage. »

Ilz eurent plusieurs aultres propos, par le temps de

deux ou troys heures qu'ilz furent ensemble, et ce pendant on apresta le disner; mais ledict seigneur s'excusa sur ung gentilhomme estant à son logis qui l'actendoit pour aller ensemble en aultre part et à diligence, priant la jeune dame faire responce à la lettre de madame sa tante; ce qu'elle promist faire, et luy envoyer à son logis, luy recommandant l'affaire; et à tant prindrent congié l'ung de l'autre; et retourna à son logis ledict seigneur, où trouva le disner prest, et le gentilhomme qui l'actendoit; mais il se contenta de peu de viande et d'une foiz de vin, pour à diligence laisser une petite lettre à la jeune dame qui avoit saisy sa pensée.

CHAPITRE XIII.

La responce que fist madame Gabrielle de Bourbon à l'honneste epistre ou lettre du jeune seigneur de La Trimoille; et commant ilz furent espousez à Escolles.

Plus longue lettre eust escript le jeune seigneur de La Trimoille à la jeune dame, car la vehemence d'honneste amour luy presentoit assez matiere, mais il doubtoit qu'elle n'eust aussi bonne volunté de les lire comme il avoit de luy faire tenir, et ne sçavoit si elle prandroit plaisir en longues lettres. Si bailla son espistre à ung jeune page d'esprit qu'il avoit avec luy, et, instruict de ce qu'il devoit faire apres le desloger de la compaignée, se transporta vers la jeune dame, et luy dist : « Madame, monsieur mon maistre et sa

« compaignée sont partiz de leur logis, et suis de-
« mouré pour avoir vostre lettre à madame de Beau-
« jeu. — Mon amy, dist la dame, elle est toute preste; »
et la luy bailla en luy disant : « Qui est vostre maistre?
« il porte faconde mieulx de prince que d'ung simple
« gentilhomme. — Madame, dist il, il m'a baillé une
« lettre pour vous presenter; je ne sçay si par icelle il
« n'a point mis son nom, et suis chargé luy en porter
« responce, si vous plaist la faire. » La lettre baisée par
le page, fut par luy mise entre les mains de la dame,
qui en fist ouverture; mais, apres en avoir leu troys ou
quatres lignes, commença rougir, pallir, et trembler
comme une personne passionnée et hors de soy. Et la
lettre ployée dist au page : « Mon amy, avez vous charge
« de tost aller apres vostre maistre? — Quant il vous
« plaira, madame. — Or me attendez donc, dist elle,
« pour le jourd'huy, et vous expedie; sur le soir, pourrez
« vous en aller à son giste. »

La jeune dame, fort doubteuse de ce qu'elle devoit
faire, demanda le repos de son cabinet pour respondre
aux argumens de ses pensées; honte virginalle luy
conseilloit retenir la lettre sans responce, disant que
de son mariage ne devoit monstrer aulcune affection,
mais en laisser faire à ses parens; de l'autre part humilité la persuadoit prandre la plume pour satisfaire à la
requeste de la lettre d'ung si gros seigneur, laquelle
n'estoit en aulcune chose suspecte de deshonneur ne
scandalle, et qu'elle pourroit estre reprinse de presumption et arrogance si elle ne luy escripvoit; parquoy
y employa son cler esprit, avec sa doulce main escripvant une briefve epistre (1).

(1) *Une briefve epistre :* l'auteur l'a mise en vers, et l'a suite un peu

Apres le soupper, la jeune dame expedia le page du jeune seigneur de La Trimoille, lequel, nonobstant qu'il fust assez tard, partit pour aller vers son seigneur, auquel tardoit fort son venir, pour avoir responce de sa lettre; et icelle receue, au lendemain à son lever, en fist secrete lecture, et bailla l'autre lettre adroissant à madame de Beaujeu, au gentilhomme, qui rien ne sçavoit que le jeune seigneur eust escript à la jeune dame, ne qu'elle luy eust faict responce. Si chevaucherent ensemble jusques à Bommiers, où ledict seigneur demoura pour ung jour ou deux, et le gentilhomme s'en retourna à diligence vers madame de Beaujeu, à laquelle il bailla la lettre de madame sa niepce, et luy dist qu'elle ne vouloit aultre chose faire fors ce qui luy plairoit ordonner et commander, dont elle fut joyeuse. Et deux ou troys jours apres le jeune seigneur de La Trimoille, retourné de Bommiers à la Court, fut pressé d'entendre au mariage, par le Roy et les seigneurs et dame de Beaujeu; lequel fut bien tost accordé, car son affection et desir n'en vouloyent le delay ne le dissimuler. Et, affin que de trop long langaige je ne ennuye les lecteurs, les allées et venues, depuis à diligence faictes, pour escripre, accorder et passer le contract de ce mariage, les nopces de ces

longue: Gabrielle gronde son amant de s'être déguisé, lui dit qu'elle l'aime, et finit par lui demander le secret:

Eu te priant tenir le mien secret
Dedans ton cueur comme ung homme discret:
Du reveller pourroit sortir un bruyre,
Lequel pourroit à nos bons vouloirs nuyre:
Qu'homme ne saiche et congnoisse l'amour
D'entre nous deux jusques au joyeux jour
Que nous pourrons sans dangier plaisirs prandre,
Et sans vers Dieu, ne les hommes mesprandre.

deux illustres personnes furent faictes au lieu d'Escolles en Auvergne, non sans joye et grosse magnificence, et d'ilec s'en vindrent à Bommiers et aultres
places dudict seigneur, où furent faictz plusieurs festins.

La compaignée rompüe, à ce que chascun allast à
ses affaires, le seigneur demoura avec madame son
espouse quelque temps, et l'engrossa d'ung filz qu'elle
eut au bout de l'an, lequel fut tenu sur les fons par
procureur que y envoya le roy Charles VIII, et à ceste
raison porta son nom. Ce pendant, d'une aultre part,
ledict seigneur poursuyvoit la delivrance reelle de sa
vicomté de Thouars et aultres terres qui luy appartenoyent à cause de sa feue mere, et dont il avoit eu
delivrance litteralle par les lettres patentes du roy
Loys XI, qui furent enterinées du consentement du
roy Charles VIII, par deux ou troys arrestz de la Court
de Parlement de Paris, et toutes lesdictes terres, non
sans grans mises et labeurs, à luy delivrées: puis bailla
à ses freres leur appennage, et demoura comte de Benon, vicomte de Thouars, prince de Thalemont, seigneur de Mareuil et Saincte Hermyne, baron de Cran,
qui luy vinst à cause de son feu oncle gouverneur de
Bourgongne, avec grosse richesse de meubles; aussi
eut les seigneuries de Sully, l'Isle-Bouchart, des isles de
Ré et Marans, de Mareuil, Saincte Hermyne, Mauleon
et aultres terres.

CHAPITRE XIV.

Comment monsieur Loys, duc d'Orleans, par civille discorde, se réttra au duc de Bretaigne pour faire guerre au roy de France.

Toutes ces choses furent faictes, quant audict mariage, depuis le trespas du roy Loys jusques vers la fin de l'an 1484, duquel an, et on moys de juillet [1] les trois Estatz du royaume furent appellez à Tours, pour donner provision au gouvernement du Roy et du royaulme ; où chescun desdictz Estatz feit ses plainctes et apres y avoir pourveu, et aussi à la regence fut ordonné qu'il n'y auroit aucun regent en France, mais que madame Anne de France, seur aisnée du Roy, et espouse du seigneur de Beaujeu, qui estoit saige, prudente, et vertueuse, auroit le gouvernement de son corps, tant qu'il seroit jeune, en ensuyvant la volunté du roy Loys leur pere, dont ledict duc d'Orleans ne fut contant ; et s'efforcea par tous moiens avoir la superintendence sur les affaires du royaume, enquoy ceulx de Paris le favorisoient [2]. Et de ce advertie, ladicte dame de Beaujeu, envoia gens à Paris pour prendre au corps ledict duc d'Orleans, qui evada et s'en alla à Alençon, où il fut quelque temps, pendant

---

[1] *On mois de juillet :* ce ne fut point au mois de juillet 1484, mais au mois de janvier de cette année, que se tinrent les Etats de Tours. Ils furent congédiés le 14 mars suivant. — [2] *Ceulx de Paris le favorisoient :* le duc d'Orléans n'avoit de partisans que dans le peuple. Le parlement et l'université s'opposèrent à ses desseins.

lequel le duc de Longueville (1), son proche parent,
praticqua pour sa faction les comte d'Angoulesme,
duc de Bourbon et seigneur d'Albert, (2) qui se declairerent ses amys ; pour laquelle cause furent tous
desappoinctez de leurs estatz et pensions, qui leur
donna occasion de tirer à eulx le duc de Lorraine,
le comte de Foix et le prince d'Orenge. Toutesfoiz
ceste entreprinse fut soudain rompue, et accord faict
avec ladicte dame de Beaujeu qui conduisoit caulte-
ment et prudemment son affaire en l'an 1485.

L'année ensuyvant, adverty ledict duc d'Orleans
que la dame de Beaujeu, soubz l'auctorité du Roy, le
vouloit tenir au destroict, et qu'elle avoit esté advertie
de ses entreprises secretes, se retira subtillement et
secretement vers monseigneur François, duc de Bretaigne, ancien ennemy du feu roy Loys, pere dudit
roy Charles ; lesquelz, avec aultres princes leurs adhe-
rens, demanderent ayde aux Angloys, et prindrent
aliance avec eulx contre les Françoys. Le roy Charles
et son conseil y pourveurent : car à diligence droisserent grosse armée qu'ilz envoyerent en Bretaigne, par
troys divers lieux ; et, apres plusieurs villes dudict
pays prinses, allerent assieger la ville de Nantes, en
l'an 1487, en laquelle estoyent ledict duc François et
ses deux filles, Anne et Ysabeau, le prince d'Orenges,
la dame de Laval, l'evesque de Nantes, homme de
saincte vie, et le comte de Commynges.

Les François leverent le siege de Nantes, pour la
vehemence du chault, et marcha l'armée françoise

(1) *Le duc de Longueville* : on l'appelle dans l'histoire comte de Dunois. Il étoit fils du fameux Dunois, l'un des restaurateurs de la monarchie, sous Charles VIII. — (2) *D'Albert : lisez* d'Albret.

vers la ville de Dol, qu'ilz prindrent sans resistance, la pillerent, et y prindrent prisonniers plusieurs Bretons. Le seigneur de Rieux qui tenoit Encenix pour le Roy, le livra aux Bretons, et, en allant à Nantes vers le duc de Bretaigne, prinst Chasteaubriand qui tenoit pour le Roy, puis alla mectre le siege davant la ville de Vannes, qui luy fut rendue et livrée par les François, moiennant certaine composition faicte entre eulx. D'une aultre part, l'armée du Roy reprinst le chasteau et place d'Encenix, et en chasserent les Bretons, lesquelz y avoient esté mis par le seigneur de Rieux; et, parce que le lieu luy appartenoit, et qu'il avoit faulsé sa foy, le Roy feit abatre la place jusques à fleur de terre; puis s'en alla l'armée françoise assieger Chasteaubriand, qu'elle prinst et mist à sac au commancement de l'an 1488.

CHAPITRE XV.

Commant le seigneur de La Tremoille, en l'aage de vingt sept ans, fut lieutenant general du roy Charles VIII, en la guerre de Bretaigne.

En ce temps, le roy Charles, par la deliberacion de son conseil, adverty du bon vouloir du seigneur de La Tremoille qui n'avoit que vingt et sept ans, de sa hardiesse, prudence, diligence et bonne conduicte, et de plusieurs beaulx faiz d'armes par luy faiz es rencontres et saillies qu'on avoit fait au siege de Nantes, et aussi es sieges et assaulx de plusieurs villes, chasteaux et

fortes places de Bretaigne, le feit son lieutenant general de son armée, et luy bailla toute auctorité royalle
accoustumée estre baillée en telz cas ; ce que ledict
seigneur tres-voluntiers accepta ; et commença à prendre plus de soucy qu'il n'avoit acoustumé, ne à penser en ce qu'il devoit faire pour le prouffit du Roy et
du royaume, et acquerir honneur en sa charge.

CHAPITRE XVI.

*De la journée et rencontre de Sainct Aulbin, en
Bretaigne, gaignée par les François, soubs la conduicte du seigneur de la Trimoille.*

LE seigneur de La Trimoille assembla le conseil
du Roy, pour traicter des praticques de la guerre de
Bretaigne, où fut advisé et conclud qu'ilz iroyent
assieger Fougieres, qui est place de frontiere forte et
de bonne resistence ; ce qu'ilz feirent. Ce pendant le
seigneur d'Allebret, qui se actendoit espouser madame
Anne, fille aisnée de Bretaigne, retournant d'Espaigne,
se retira vers le duc à Nantes, et ses gens de guerre
qu'il avoit amenez jusques au nombre de quatre mil,
prindrent leur chemin à Renes. Le Roy estoit lors à
Angiers, vers lequel le comte de Dunoys alla comme
ambassadeur, soubz saulconduict, pour savoir quel
droict le Roy pretendoit en la duché de Bretaigne.

Comme on faisoit toutes ces choses, le duc d'Orleans et autres seigneurs de son alliance et faction,
allerent assembler leurs gensd'armes à Renes, pour

6.

aller lever le siege du Roy, que le seigneur de La
Trimoille, son lieutenant general, tenoit davant Fougieres; leurs compaignées assemblées en une armée
(qui estoit de quatre cens lances, huyt mil hommes
de pié, huyt cens Alemans, et troys cens Angloys, avec
une bonne quantité de artillerie), le duc d'Orleans, le
seigneur d'Allebret, le mareschal de Rieux, le prince
d'Orenges, le seigneur de Commynges, le seigneur de
Chasteaubriant, le comte d'Escalles, Anglois, le seigneur
de Leon, filz aisné du seigneur de Rohan, et plusieurs
aultres seigneurs et barons de Bretaigne, avec ladicte
armée, allerent loger à ung village appellé Andoille, le
mercredy 23 juillet l'an 1488. Ce pendant le seigneur
de La Trimoille prist la ville de Fougieres par composicion, dont le samedy ensuivant vindrent nouvelles
aux ennemys, qui encores estoyent audict village d'Andoille, et que les Bretons, qui s'estoyent tenuz à Fougieres, s'estoyent retirez leurs bagues saulves; ce nonobstant, marcherent contre les Françoys pour aller
assieger la place de Sainct-Aulbin qui estoit en leur
main, et arriverent on village d'Orenge, qui est à deux
lieues dudict Sainct-Aulbin, ledict jour de samedy
vers le soir, où furent advertiz qu'ilz rencontreroyent
les Françoys deliberez de les combattre. Le lendemain ilz mirent leur bataille en ordre; l'avantgarde
fut baillée au mareschal de Rieux, la bataille au
seigneur d'Allebret, et l'arrieregarde au seigneur de
Chasteaubriant. Sur une de leurs helles fut ordonné
le charroy de leur artillerie et de leur bagage; et
jaçoit ce qu'il n'y eust que troys cens Angloys que
conduysoit le comte de Tallebot, pour faire entendre
qu'il en y avoit plus largement, luy furent baillez dix

sept cens Bretons vestuz de hoquetons à croix rouges;
et parce que les gens de pié du duc de Bretaigne
se doubtoyent de gens de cheval françoys estans en
l'armée des Bretons, et mesmement dudict duc d'Orleans, luy et le prince d'Orenge se mirent à pié avec
les Alemans.

Le seigneur de La Trimoille, lieutenant general de
l'armée françoyse (qui venoit de Fougieres au davant
de ses ennemys), envoya messire Gabriel de Montfaul-
coys et dix ou douze autres hardiz hommes françoys,
veoyr la contenance des adversaires, lesquelz feirent
rapport de leur bon ordre. A ceste cause, le seigneur de La Trimoille fist aussi ranger en bataille
toute son armée, lors estant en desordre. Messire Adrian
de L'Ospital menoit l'avant garde, et ledict seigneur de
La Trimoille, chief de l'armée, qui lors estoit en
l'aage de vingt-sept ou vingt-huit ans, menoit la bataille. Et, comme ces deux armées se approchoyent,
le seigneur de La Trimoille fist arrester les Françoys,
et leur dist ce :

« Je suis asseuré, messieurs et freres d'armes, que
« tant desirez vostre sang n'estre macullé de honte, et
« le cler nom françoys de infamye, que (par vous
« bien entendu quelles gens nous voulons combatre;
« pour quelle cause ceste armée est assemblée, et la
« fin de nostre entreprinse) les cueurs vous croistront,
« la force vous redoublera, et hardiesse vous conduyra
« jusques au loyer de victoyre. Vous ne ignorez ceste
« factionneuse guerre avoir esté oultre le vouloyr du
« Roy, nostre seigneur naturel, et, à son grant regret,
« droissée pour la liberté de son royaulme, deffence
« de son ceptre, et conservacion de sa couronne ; et

« que noz adversaires, par ung discord civil et guerre
« intestine, se sont assemblez pour monopoller le
« royaulme, pervertir justice, piller le peuple, et abas-
« tardir noblesse. Et, jaçoit ce qu'ilz soyent du sang
« de France, se sont neantmoins alliez et accompaignez
« de noz anciens ennemys, les Angloys persecuteurs
« de noz peres, envieux de noz ayses, et perturba-
« teurs de paix, et aussi des Bretons non moins en-
« vieux pour le present de la prosperité françoyse.
« Nos adversaires, ou la pluspart, sont subjectz et
« hommes de foy du Roy, tiennent de luy leurs du-
« chez, comtez, terres et seigneuries, et neantmoins se
« sont mis en armes contre luy, en l'offensant et toute
« la saincteté de justice, qui demonstre assez leur
« querelle injuste, leur rebellion desraisonnable, et
« leur resistence desnaturée, où nous doyvons prendre
« espoyr que Dieu, principal conducteur des batailles,
« donnant victoyre à qui luy plaist, veu qu'il est sou-
« verainement juste, ne permettra que soyons vaincuz
« si nous voulons mettre la main à l'euvre. Et si nous
« demourons vainqueurs, considerez, messieurs, le
« bien et l'utilité que nous aurons faict au Roy et à tout
« le royaulme, et l'honneur, gloyre, proffit et louange
« que nous tous en aurons; et au contraire, si, par
« nostre lascheté, sommes surmontez, nous verrons la
« destruction de nostre pays, de noz maisons, femmes,
« enfans, et consummacion de noz biens, avec perpe-
« tuel reproche.

    « Est il chose, messieurs, apres le lien de foy ca-
« tholicque, à quoy Dieu et nature nous obligent plus
« que au commun salut de nostre pays et à la defense
« de celle seigneurie, soubz laquelle avons prins estre

« et nourriture, et en celle terre où chascun pretend
« se perpetuer au temps de sa vie? Trop mieulx nous
« vault mourir en juste bataille, guerre permise, et au
« service du Roy, qui est le lict d'honneur, que vivre
« en reproche, persecutez de toutes pars de ceulx qui
« ne quierent fors nostre dommage et destruction Et si
« nous tous avons ceste consideracion avec le support
« de nostre juste querelle, je suis asseuré de nostre vic-
« toire, je suis certain du gaing de la bataille et de la
« confusion de noz ennemys, qui n'ont par nature
« cueurs ne courages telz que vous. Desploions donc
« noz mains, ouvrons noz cueurs, eslevons noz espritz,
« eschauffons nostre sang, recullons crainte, l'amour de
« nostre jeune Roy tant begnin, mansuet, gracieux, et
« tant liberal, nous conduise, et que aucun ne tourne
« en fuyte, sur peine de la hart. Mieulx vault mourir
« en se deffendant, que vivre en fuyant; car vie con-
« servée par fuyte est une vie environnée de mort. »

Ces remonstrances persuasives parachevées, qui fort
animerent les Françoys, l'armée commença à marcher en francisque fureur, sans desordre, contre les
ennemys, qu'ilz rencontrerent pres une tousche de
boys(1), hors ledict village d'Orenge. L'artillerie fut ti-
rée d'une part et d'autre, qui fort endommagea les deux
armées; l'avantgarde des Françoys donna sur l'avantgarde des Bretons, qui soustint assez bien le choc;
puis tirerent les François à la bataille des Bretons, où
leurs gens de cheval recullerent, comme aussi feit leur
arriere garde; et se prindrent à fuyr, et apres eulx
leur avantgarde. Quant veirent ce desordre, les Fran-

---

(1) *Tousche de boys* : petit bois de haute-futaie, proche la maison
d'un fief.

çoys, que conduisoit le seigneur de La Tremoille, avec lequel estoit messire Jacques Galliot, hardy et vaillant chevalier, chargerent sur les adversaires, et occirent tous les gens de pié qu'ilz trouverent davant eulx, et entre aultres ceulx qui avoient la croix rouge, pensans que tous fussent Angloys. Le duc d'Orleans et le prince d'Orenge, qui estoient entre les gens de pié alemans, furent prins et amenez prisonniers à Sainct Aulbin; le mareschal de Rieux se saulva comme il peult, tirant à Dynan; le seigneur de Leon, le seigneur du Pont l'Abbé, le seigneur de Monfort, et plusieurs aultres nobles de Bretaigne, y furent occis, et de toutes gens jusques au nombre de six mil hommes, et de la part des Françoys environ douze cens, et entre aultres ledict messire Jacques Galliot, qui fut groz dommaige, car c'estoit ung chevallier et capitaine aussi prudent en guerre et aussi plain de cueur et hardiesse qu'on eust peu trouver.

Peu de temps apres le duc d'Orleans fut mené prisonnier au chasteau de Luzignan, à cinq lieues de Poictiers, où il fut longuement prisonnier. Voylà le commancement des bonnes fortunes du seigneur de La Trimoille, qui l'ont tousjours accompaigné à son honneur et au proffit du royaulme de France, jusques à son deces. Et peu de temps apres le Roy luy donna l'estat de premier chambellain, le fist chevallier de son ordre, et luy bailla la garde de son cachet et petit seel.

Cinq sepmaines ou environ apres ceste victoyre de Sainct Aulbin, le duc de Bretaigne et sa fille puisnée allerent de vie à trespas, parquoy madame Anne sa fille aisnée fut duchesse de Bretaigne, et, moyennant le mariage du roy Charles avec elle (que traicta le comte de Dunoys), la paix fut faicte entre le Roy et les princes de France, et aussi certain temps apres avec Maximilian roy des Rommains, pour le mariage qui avoit esté commancé entre sa fille Marguerite de Flandres et ledict roy Charles VIII; en sorte que le royaulme de France fut en paix et transquilité.

CHAPITRE XVII.

L'entreprise de la conqueste du royaulme de Secille et pays de Naples faicte par le roy Charles VIII. Mort de ce prince.

Le roy Charles, petit de corps et grant de cueur, deux ans apres la guerre de Bretaigne finie, par l'oppinion des princes de son sang et de la pluspart de la noblesse de France, luy certiffié par ses cours de parlement et aultres gens de bon conseil, le royaulme de Secille et pays de Naples luy appartenir, voyant son royaulme de France paisible, sans avoir doubte de ses voysins ne autres, entreprinst en faire la conqueste et le recouvrer. Et pour ce faire, en l'an 1493, fist assembler une fort belle et grosse armée de troys mil six cens hommes d'armes, six mil archiers de pié, six mil arbalestriers, huyt mil hommes à pié portans picques, et huyt mil aultres ayans hacquebutes [1] et espées à deux mains. L'artillerie estoit de mil quarante grosses pieces, cent

[1] *Hacquebutes : lisez* harquebuses, ou arquebuses.

quarante bombardes, mil deux cent vascardeurs. Et
pour faire passer ceste armée le Roy s'en alla à Lyon;
il mena avec luy, en ceste expedicion, le duc d'Orleans,
mis hors de prison, le duc de Vendosme, le comte de
Mompensier, Loys de Ligny, seigneur de Luxembourg,
ledict messire Loys de La Trimoille, le comte de Taillebourg, et plusieurs aultres groz seigneurs qui feirent
le voyage sans soulde, gaiges, ne aultres biensfaictz,
fors ceulx qu'ilz avoyent à cause de leurs estatz et
offices.

Alphons, usurpateur du royaulme de Secille et pays
de Naples, par le deces de son pere Ferdinand, qui
peu de temps auparavant avoit decedé, fut adverty
de ceste merveilleuse et grant entreprise; et pour la
rompre et empescher que le Roy n'eust passaige par
les Italles et par Rome, se retyra au pape Alexandre,
auquel, en presence de plusieurs cardinaulx et nobles
rommains, Anthoine Sabellic tesmoygne avoir faict
ceste persuasion ou remonstrance :

« Je vouldroys, souverain Pontiffe, et vous mes
« peres et princes illustres, que, tout ainsi qu'en ceste
« petite assemblée, qui pour la magesté des assistans
« represente ung tres ample conseil, j'espere estre
« ouy, que je fusse en si tres hault et eminent lieu,
« que toute Italie me peust veoyr, et entendre ce que
« je veulx dire, et que je pense de la tumultueuse en-
« treprinse des Gaules appellez Françoys : et si mes
« persuasions ne povoyent proffiter, à tout le moins
« je laisseroys tesmoygnage à tous, que je prevoy
« et congnoys les maulx qui en adviendront, et que
« je me exhibe, par conseil, richesse et force, y obvier
« et resister. Et, combien que je voye mon auctorité

« royalle estre diminuée pour la vulgaire renommée
« de ceste guerre galicque, et dissipée par l'industrie
« des Gaules, qui dient ne demander aulcune chose
« en Italie, mais seullement passaige pour recouvrer
« mon royaulme de Secille, qu'ilz dient appartenir
« à leur Roy, toutesfoiz, je diray hardyment et
« chose vraye, que moins soliciteusement je atten-
« droys l'evenement de ceste guerre, si je savoys que
« le mal en tumbast seullement sur moy et les myens ;
« mais les engins des Gaules me sont peu congneuz,
« ou toute l'Italie aura la guerre ; et s'ilz m'avoyent
« (que Dieu ne vueille) de mon royaume exillé, lequel
« ilz dient par droict hereditaire leur appartenir,
« vouldroyent toutes les Italles supediter et rendre
« tributaires.

« Assez est congneue l'avarice des Gaules, leur grant
« ambicion d'ocuper et destruyre les extranges
« royaulmes et seigneuries, et la grant hayne qu'ilz
« ont tousjours eu et ont à l'italicque nom. Quelle plus-
« grant cause eurent leurs primogeniteurs d'assaillir
« aultresfoiz toute Italie, lorsque la tres puissante
« nature, dame de toutes choses, ne les peult empes-
« cher que, par rage et fureur, ne rompissent et pas-
« sassent les asperes et dures Alpes, ne surmontassent
« par armes tout le pays, le despouillassent de leurs
« richesses et fortunes, et ne le feissent tributaire ? Que
« feirent les Gaules Senonnois, les Insubres, les
« Briens, c'est à dire Bretons et Manceaux ? En-
« trerent-ilz pas en la cité de Romme, chief de Italie,
« par force et violence ? et l'abandonnerent à toute
« violence, rapine et pillerie, feu et sang ; et l'eussent
« entierement destruicte ne fust le Capitolle.

« Pensez-vous, Pere Sainct, et vous mes peres et
« princes illustres, qu'ilz se voulussent contanter de
« Naples, la Pouille et Calabre, qui est le derrier
« anglet d'Italie ? ce seroit eulx renfermer de toutes
« pars en une petite nasse ou prison ; ilz y seroient en
« peu de temps affamez si le surplus des Italles leur
« estoit contraire. Vous me direz qu'ilz auront ceulx
« de Gennes et Milan pour eulx : ilz entendent assez
« que les Genevois n'ont foy ne acomplissement de
« promesse ; parquoy, si les Gaules ne sont foulz, n'en-
« treprendront de suppediter la Pouille, Calabre et
« Naples, s'ilz n'ont tout le surplus des Italles à eulx
« soubmis. Ilz dient vouloir aller faire la guerre aux
« Turcs ; mais c'est pour neant, sans le secours et in-
« telligence de toute Italie ; qui me fait dire que je
« ne puis vivement entendre en quel espoir, par quel
« support, ne en quelle confiance ilz ont commancé
« ceste guerre, fors par la veue de leur armée, laquelle
« commance à marcher si bien equippée et en si grant
« nombre de gens hardiz, qu'ilz pourront ruyner, et
« telle est leur entreprinse, toute l'Italie, si du consen-
« tement et intelligence de vous, Pere Sainct, et de
« toutes les communitez et seigneuries du pays, n'y est
« diligemment pourveu, et en grant maturité obvié.

« Les bellicqueux mouvemens des Gaules sont
« plus terribles que d'autres gens, parce qu'ilz sont
« soudains et precipitez ; et davantage sont si cruelz
« qu'ilz ne guerroient que pour tout tuer et occire. Ilz
« ne veulent induces ne treuves, permutacions de pri-
« sonniers, ne prester l'oreille à gens eloquens, à
« prieres, persuasions, ne exhortacions. Et, d'autant
« qu'ilz abhorrent et desprisent la gracieuse coustume

« de batailler qui est entre les Italliens, nous doy-
« vons plus craindre leurs armes, et plus prendre de
« peine à les chasser d'avec nous, et pour ce faire,
« droisser armée; et vous, Pere Sainct, vous accorder
« avec tous les princes et communitez d'Italie, en
« sorte que, pour la commune defense, non seulement
« des biens, mais aussi des vies, puissons chasser et
« propulser ceste eminente peste. Et si aucuns avoient
« intelligence avec les Gaules, les induire à estre de
« nostre party, et user de l'ancienne coustume par la-
« quelle toute Italie se mectoit en union pour resister
« aux impetueux mouvemens et soudaines assemblées
« des Gaules; que pourrez facillement faire, Pere
« Sainct, si plaist à vostre beatitude, par exhortacions,
« monicions et commandemens, à ce les princes et
« communitez exciter. Et ce pendant, vous, messieurs
« de Florence, Ferdinand mon filz, et moy, assemble-
« rons noz gensd'armes et les envoierons au davant
« des Gaules, à ce qu'ilz ne passent le fluve du Pau;
« et s'ilz sont les plus fors, et que les aultres ne
« veulent nous donner secours, chescun pensera en
« son affaire particulierement. Et quant à moy j'ay
« deliberé, de toute ma force et puissance, les empes-
« cher, par violente et exiciale guerre, qu'ilz n'entrent
« en mes pays, à ce que, par une avanturée ba-
« taille, si la chose est pour moy prospere, je defende
« moy, les miens et toute Italie, sinon que, par loua-
« ble et honneste mort, je finie ma vie avec mon
« regne. »

Le roy Alphonse fut louhé de tous, et par eulx
entreprise faicte avec le pape Alexandre, d'envoier
orateurs et ambassadeurs vers tous les seigneurs et

communitez, pour resister aux François. Tout ce non obstant, le roy Charles et toute son armée, telle que j'ay dessus escripte, entrerent en Italie, et passerent les Alpes en la plus grant liberté, et on plus grant honneur et triumphe qu'on sauroit dire ; car toutes les villes d'Italie envoierent au davant des François presenter à leur Roy les clefz de leurs villes, le receurent non seulement comme roy, mais comme empereur ou monarque, avec groz triumphes et honneurs inextimables. Quant il eut fait son entrée en la belle ville de Florence, s'en alla à Viterbe, où, adverty que, à la requeste de Ferdinand, filz du roy Alphonse, estant à Romme, le pape Alexandre luy vouloit nyer l'entrée de la cité de Romme, envoya le seigneur de La Tremoille vers luy, savoir sa volunté ; lequel y fut avec orateurs, et feit ou peu faire au Pape telle et semblable persuasion et oraison.

Persuasion du seigneur de La Tremoille au pape Alexandre, où sont recitez les dons, plaisirs et services faiz par les roys de France au sainct Siege apostolicque.

« Si le parler faillit, Pere Sainct, à Lucius Crassus,
« lorsque, voulant venger sa paternelle injure contre
« Cayus Carbon, s'estoit preparé dire sa cause par
« davant Quintus Maximus, et à Tirtanus, surnommé
« Theophrastus, en la petite persuasion qu'il estoit
« chargé faire aux Atheniens, et que le treseloquent
« Cicero, en la tant noble cause que, pour Titus
« Annius, homme de bon renom et son tres grant amy,
« plaida devant le senat, eut telle tremeur et crainte

« que plus ineptement n'avoit onc parlé, je doubte,
« davant si noble assistance et vostre incredible et di-
« vine sapience, ma rude et barbare bouche ouvrir
« pour dire ce dont je suis chargé : mais la facillité de
« vostre saincte personne, et vostre singuliere beni-
« gnité, avec l'auctorité de celuy qui vers vous m'en-
« voye, me donnent hardiesse vous dire ce qui m'est
« commandé. C'est, Pere Sainct, combien que le Roy,
« mon souverain seigneur, ait tousjours extimé vostre
« paternelle begnivollence n'estre variable, mais per-
« petuée en luy premier filz de l'Eglise; et que à
« ceste consideracion, deust prandre asseurance de
« faveur, à cause de sa spirituelle aisneesse es choses
« qui sont de justice et par equité favorables, comme
« est son entreprise du recouvrement de son ancien
« heritage le royaume de Secille et pays de Naples,
« Calabre et la Pouille, usurpez par tirans qui n'y
« ont ny droit ne tiltre; ce non obstant avez, comme
« à esté adverty, retiré en ceste cité de Romme, Ferdi-
« nand, filz de l'usurpateur Alphonse, avec son armée,
« pour luy clorre le passage et son entreprinse, qui
« luy est dur à croire, à la raison de ce que tousjours
« a extimé la Vostre Saincteté tendre à anichiller (1)
« toutes tyrannies, et faire à chescun rendre ce qui luy
« doit justement appartenir.

« Vous ne ignorez, Pere Sainct, le juste droit et
« tiltre du Roy on royaume de Secille et pays de
« Naples, Calabre et la Pouille, à cause du don que
« luy en feit René duc d'Anjou, et autresfoiz roy et
« seigneur desdictz pays, par faulte de hoir masle; et
« que ce roy René avoit eu ce royaume et pays à

(1) *Anichiller* : anéantir, détruire.

« cause de Loys son frere, approuvé par voz prede-
« cesseurs, Alexandre V, Jehan XXIII, et Martin ; le-
« quel Loys y avoit juste droit, tant à cause de ses
« predecesseurs, descenduz de Charles d'Anjou, frere
« du roy sainct Loys, que par resignacion qui en fut
« faicte à son proffit, par madame Jehanne, seur de
« Ladislaus, entre les mains dudict pape Alexan-
» dre V; et que, tout ce non obstant, Alphons, roy
» d'Arragon, soubz umbre de une adoption que feit de
« luy ladicte Jehanne, avoit usurpé lesdictz pays de
« Secille, Naples, Calabre et la Pouille, et apres luy
« Ferdinandus Seyus, son filz bastard, prince des-
« loyal, qui par son deces laissa plusieurs enfans,
« l'aisné desquelz est ledict Alphonse, à present occu-
« pateur sans tiltre et par force de tous ces pays.
« Et ne puit croire le Roy mon souverain seigneur,
« quelque chose qu'on luy aye dit et rapporté, vous
« avoir approuvé ne receu en roy ledict Alphons, ne
« que veuillez son injuste et damnée querelle soustenir,
« mais mieulx ayder aux Françoys, protecteurs de la
« Voustre Saincteté, et conservateurs de l'aposto-
« licque auctorité. Les approuvées histoyres testiffient
« que depuis l'empereur Constantin le Grant, vingt
« cinq papes ont esté mis hors le siege apostolicque
« et persecutez, tant par aulcuns empereurs que le
« peuple rommain, qui sont : Julius I, Symachus,
« Sylverius I, Vigilius I, Martin I, Leo III, Euge-
« nius II, Jehan VIII, Léon V ou VI, Jehan X,
« Benedict VIII, Jehan XIV, Jehan XVI, Gre-
« goire V, Benedict IX, Gregoire VII, Victor III,
« Pascalis II, Alexandre III, et Boniface VI. Et on
« ne trouvera que depuis la plantacion de l'Eglise

« militante, aulcun roy de France ne des Gaules ayt
« esté scismatiqué, ne donné aulcun ennuy, ne mo-
« leste aux saincts peres de Romme; mais a esté le
« pays des Gaules ou de France, ainsi qu'il vous plaira
« le nommer, leur immunité, franchise, liberté, seu-
« reté, tuicion, municion et contre arrest de leurs
« adversaires. Reduysez à memoyre, Pere Sainct,
« quelle amytié et confederacion il y eut entre le
« pape Zacharie et le roy de France nommé Pepin.
« Ce roy fist la guerre, par six ou sept ans, à ses
« despens, contre les Lombars, pour faire rendre tout
« le patrimoyne de l'Eglise. Et pour desservir le
« nom de tres crestien, donna oultre à l'Eglise
« rommaine la cité de Romme, avec toute sa juris-
« diction, ensemble toutes les terres, ports et ha-
« vres de la plaige rommaine, Civita Veche, Vi-
« terbe, Perouse, la duché de Spolete; et du cousté
« de la mer Adriaticque, la principaulté imperialle de
« Ravenne toute entiere qu'on appelle l'Exarcat, con-
« tenant en soy la cité de Ravenne, Forlif, Fayence,
« Imolle, Boulongne, Ferrare, Comacle Servie, Pe-
« serere, Arimyne, France, Senogalle, Anconne,
« Urbin, et toute la contrée qu'on nomme aujourd'huy
« la Remaignolle; et d'aultre part, en la campaigne
« neapolitaine, ledict pays de Naples, qui main-
« tenant est royaulme, Capue, Bounyvent, Salerne,
« et Calabre, haulte et basse, ensemble les isles de Se-
« cille, Corseigne et Sardaigne; et, jaçoit que, à ceste
« immuneusé liberalité et don tresgrant, le prothos-
« pateur, c'est à dire le vicaire ou connestable de l'Em-
« pire, se y opposast et en appellast, neantmoins le
« Pape et l'Eglise rommaine en feirent acceptacion,

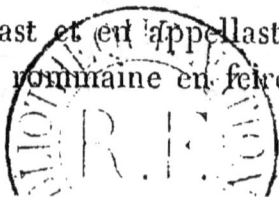

7

« et depuis les papes les ont faict confirmer par Char-
« lemaigne, filz dudit Pepin, et Loys le Piteux, filz
« dudit Charlemaigne, roys de France et empereurs,
« dont depuis, pour la possession, l'Eglise rommaine a
« esté fort troublée par aucuns empereurs, et tousjours
« secourue par les roys de France.

« Apres le pape Zacharie, Estienne second de ce
« nom, auquel les Rommains creverent les yeulx et
« le chasserent de Romme, fut remis en son siege par
« ledict roy Pepin ; si fut Leon III, par ledit roy Char-
« lemaigne. Quelle amitié eut ledit Loys le Piteux,
« filz dudit Charlemaigne, avec le pape Paschal pre-
« mier de ce nom, quant en sa faveur se desista du
« droit de elire et nommer les papes, evesques et pre-
« latz, qui avoit esté donné à l'empereur Charlemaigne,
« par le pape Adrian ? Fut pas aussi remis on siege
« apostolicque le pape Eugenius III, par Loys sur-
« nommé le Jeune, et le pape Innocent II, par Loys
« le Gros, son pere, tous deux roys de France.
« En quelle humanité et doulceur fut receu en France,
« Alexandre III, par le roy Phelippes Auguste, qui luy
« donna asseuré chemin pour retourner à Romme, où
« il fut depuis humainement receu par la crainte que
« les Romains avoient dudict Phelippes Auguste ? Je
« serois trop long, Pere Sainct, de vous reciter ce que
« les histoires en ont escript, et d'aultres plusieurs
« services impartiz par les Françoys à l'Eglise rom-
« maine ; lesquelz premierement prindrent la hardiesse
« de extaindre les grosses erreurs et heresies, par
« glaive et fer, contre les Arriens qu'on ne povoit par
« raisons et foy surmonter, dont Clovis, premier roy
« crestien des Françoys, fut premier aucteur, lors-

« qu'il guerroia et subjuga les Visigotz en Acquitaine.

« Regardons qui premierement remist en la crestienne
« main la Terre Saincte par les Turcs ocupée : ce furent
« Geoffroy de Boullion, Baudoyn, comte de Flandres,
« Geoffroy de Luzignen, et aultres princes de France.

« Toutes ces choses, Pere Sainct, doyvent Vostre
« Saincteté mouvoir, par souveraine gratitude, à sup-
« porter et favorer non seulement mon souverain sei-
« gneur Charles, roy de France par existance, reluysant
« en religion, doulceur, clemence, justice et droicture,
« mais aussi tous les François : et vous advise, Pere
« Sainct, que cupidité de multitude de royaumes ne
« affection de extranges seigneuries ne luy ont fait ce
« groz labeur prendre, ne passer à si grosse peine les ri-
« goreuses Alpes, mais la devotion et grant vouloir
« qu'il a, moiennant vostre secours, de recouvrir l'em-
« pire de Grece et ville de Constantinople, par les Infi-
« delles et maleureux Turcs occupez, qui est la chose,
« comme il est à conjecturer, que plus en ce monde
« desirez ; ce que pourra mieulx faire et choisir le
« temps et lieu convenables lors qu'il sera paisible de
« ses pays de Cecille, Callabre et Naples. Et voz prie
« le Roy, mon souverain seigneur, que ne luy donnez
« occasion d'estre, à son grant regret, le premier de son
« lignage qui ait eu guerre et discord à l'Eglise rom-
« maine, de laquelle luy et les roys de France chres-
« tiens, ses predecesseurs, ont esté protecteurs et aug-
« mentateurs. »

Le pape Alexandre, grant dissimulateur, luy feit
briefve response disant : « Je ne ignore, seigneur de La
« Tremoille, le bon vouloir et sainct desir eu par les
« roys de France au sainct Siege apostolicque, et que

« à ce moien ont le droit de primogeniture spirituelle
« en l'Eglise acquis et estre tres crestiens nommez,
« parquoy me seroit chose dure et à toute la cres-
« tienté extrange, que le roy Charles, mon premier
« filz spirituel, voulsist à moy et à l'Eglise rommaine
« faire aucun desplaisir; et vous declaire que si luy
« plaist entrer en ma cité sans armes en humilité, sera
« le tresbien venu. Son predecesseur Charlemaigne
« ainsi le feit, apres avoir delivré les Italles de toute
« servitude, car, ses gens de guerre laissez à Pavye,
« vinst sans armes demander la benediction de sainct
« Pierre; mais fort me ennuyeroit que l'armée de ton
« Roy y entrast, parce que soubz umbre d'icelle, qu'on
« dit estre fort grant et tumultueuse, les factions et
« bandes de Romme se pourroient eslever et faire
« bruyt et scandalle, duquel pourroient aux citoiens
« grans inconveniens advenir. »

Le replicque du seigneur de La Tremoille seroit
plus ennuyeux à lire que laborieux à escrire de ma
rude plume, parquoy, remys au conjectural sens des
lecteurs, diray la conclusion de l'embassade, qui fut
de envoier les orateurs du Pape avec le seigneur de
La Tremoille vers le Roy, lequel ilz trouverent à
Bressangne, où fut arresté et conclud le passage du
Roy par Romme, non sans plusieurs aultres allées et
venues, ne par la liberalité du Pape, mais à son regret
et par crainte : car luy et les groz seigneurs de ce
pays, esloignez des evangelicques erudicions, et adhe-
rans aux predictions des astronomes et divinateurs,
pensoient que ledit roy Charles devoit estre monarque
de Europe, et disoient en avoir propheties et prenos-
ticques ; et pour le presage de ce, prenoient la ruyne

de partie du chasteau Sainct-Ange qui de soy mesme
estoit tumbé par terre en ce mesme temps. A laquelle
fantasie, et aussi parce que le seigneur de Ligny, capitaine d'une bande des Alemans [1], avoit ja prins de
assault le port de Hostie sur le Tibre, et la ville, Ferdinand, duc de Calabre, filz de Alphonse usurpateur
de Naples, se voiant de toutes pars par maleur assailly,
et de secours et support desesperé, laissa Romme et
prinst son chemin vers Naples. Le Roy entra dans
Romme, ce que ne feit onc roy de France depuis Charlemaigne, le dernier jour de decembre l'an 1493 [2], par
la porte Flamine, et alla loger au palais Saint Marc.
L'entrée dura depuis trois heures apres midy jusques à
neuf heures au soir, non sans grant habundances de torches et flambeaux ardens; et y demoura jusques au vingt
huytiesme jour de janvier en suyvant, excerceant justice
en Romme, telle qu'elle tournoit à l'esbaïssement de
chescun. Tant qu'il y fut les pragueries et factions
cesserent, parce que les aucteurs d'icelles, trouvez en
habitz dissoluz, feit pendre et estrangler, par l'advis
des senateurs, non obstant qu'ilz fussent prebstres ou
diacres; qui donna si grant crainte au reste des delinquens que la presence du Roy prohiba toutes violances
en la cité de Romme, et le feit amer de tout le commun
peuple; au grant regret duquel, et icelluy criant, *vive
France!* partit de Romme pour le parfaict de son
voyage, et avec son armée en bon ordre alla conquerir le royaume de Cecille, pays de Naples, et duché
de Calabre, non obstant la resistence de Alphonse et
son filz Ferdinand, lesquelz, non puissans de resister,

---

[1] *D'une bande des Alemans*: l'auteur désigne ici les Suisses. —
[2] *L'an 1493 : lisez 1494.*

donnerent lieu à la puissance de France et au bon
droit du roy Charles.

Je laisse ce que le roy Charles feit on pays de
Naples et royaume de Cecille dont fut paisible posses-
seur, parce que les histoires de France en sont plaines ;
mais pour continuer mon propos au plus brief, je diray
comme le Pape, les Veniciens, Loys Sforce usurpateur
de Milan, le comte Petillane et aultres seigneurs de
Italie, amis de face et ennemys de cueur des Françoys,
envieux de leurs increables victoires et fortunées choses,
assemblerent une armée de soixante dix mil hommes,
aussi bien armez et equippez qu'on pourroit diviser,
pour surprendre le roy de France et sa compaignée, à
son retour de Naples, dont il partit, pour retourner en
France, le vingtiesme jour de may l'an 1514 [1] acompaigné seullement de dix ou douze mille hommes
avec partie de son artillerie, car le reste laissa au
comte de Mompensier, beau frere dudict seigneur de
La Tremoille, qu'il feit et laissa son vifroy [2] à Naples.

Le roy de France, venu jusques à Sarsagne le vingt
septiesme jour [3] de juing ensuyvant, fut de l'entreprise
de ses ennemis adverty, dont ne se esbayst, combien
que le dangier fust à doubter ; mais, gectant son espoir
en Dieu, et à la hardiesse, vaillance, et bonne experience des gens qu'il avoit avec luy, deux jours apres
alla pacquer [4] au pié des Alpes [5], où se tinst par
quelque temps pour y faire passer son artillerie, qui fut
la plus grosse entreprinse, quant à ce, que jamais prince
feit ; car char ne charrete n'y estoyent jamays passez.

---

[1] *L'an 1514 : lisez* 1495. — [2] *Vifroy :* vice-roi. — [3] *Vingt septiesme jour :* lisez *le 20.* — [4] *Pacquer :* camper. — [5] *Pié des Alpes :*
l'auteur donne ce nom à une chaîne de l'Apennin.

Et sachant que ledict seigneur de La Tremoille, pour
sa hardiesse et grant vouloir, ne trouvoit rien impossible, luy donna ceste laborieuse charge, que voluntiers
accepta; et si tresbien y employa son corps, son espoir,
sa parolle, et ses biens, qu'il y acquist honneur et
acroissement de la grace de son seigneur et maistre.
Et, affin que les gens de pié, alemans et aultres, se y
emploiassent sans craindre le chault, qui estoit vehe-
ment et furieux, les persuada par telles ou semblables
parolles :

Persuasion du seigneur de La Tremoille aux gens
d'armes, pour passer l'artillerie du Roy par les
Alpes.

« L'experience que le Roy, nostre souverain seigneur,
« a eue, mes freres en armes, de vostre fidelité, cueur,
« force et hardiesse, à trancher et passer les Alpes et
« conquerir son royaume de Naples, luy donne asseu-
« rance de rapporter la palme de ceste glorieuse vic-
« toire, par vostre ayde, en France, contre le vouloir
« et non obstant l'entreprinse du Pape, des Veniciens,
« duc de Milan, et aultres ses ennemys, qui, comme
« amys, nous ont au venir porté visage et signe d'o-
« beissance, et au retour, comme desloyaulx contre
« la loy de honnesteté, preparé ruyne de l'honneur
« françois, par une secrete armée de soixante dix mil
« hommes (1) mis aux champs, fort bien armez et
« equippez, ainsi qu'on dit, lesquelz sont davant nous,
« en embuschez, pour au passaige nous arrester. Vous
« savez, mes freres, que le nombre de nostre armée

(1) *De soixante-dix mil hommes :* Ludovic étoit près de Novare,
avec à peu près trente mille hommes.

« est seulement de dix ou douze mil hommes, et voiez
« ceste haulte et penible montaigne davant nous, les
« citez et villes de noz ennemys au derriere, et que le
« demourer au pié engendreroit famyne; parquoy
« convient par necessité gaigner la plaine, et ouvrir le
« chemin par feu et par nostre artillerie. Les histoires
« nous asseurent, et souvent l'avons veu, que commu-
« nement à la necessité le plus petit nombre de gens-
« d'armes bien conduictz, a vaincu la multitude effrenée
« et oultrecuidée. La propre nature d'entre nous des
« Gaules est force, hardiesse et ferocité. Nous avons
« au venir triumphé; mieulx nous seroit mourir que
« par lascheté perdre au retour la doulceur de ceste
« louange, et que noz victoires, par faulte de cueur,
« demourassent en langueur où les avons prinses.

   « Ce considerant, le Roy, nostre souverain seigneur,
« vous prie et persuade par ma bouche que, memora-
« tifz de toutes ces choses, faictes marcher vostre hon-
« neur au davant de la crainte de voz vies, et que, voz
« hardiz cueurs non convertiz en moulz fayes, luy
« monstrez par effect la reste de vostre noble vou-
« loir à passer son artillerie par ces rigoreuses Alpes.
« La chose à gens sans cueur semble impossible, mais
« aux jaleux d'honneur n'est que passetemps. Ne
« craignons l'essay, car nature n'a constitué chose si
« haulte ne difficille que la vertu n'y puisse actaindre
« ne parvenir; et, nostre artillerie hors de ce dangier
« mise, passerons, par force de glayve et feu, davant
« noz ennemys. Necessité engendre courage et aug-
« mente la force, et le desir de garder l'honneur ac-
« quis croist le cueur, reveille l'esprit et chasse toute
« crainte; et si est hardiesse tousjours par fortune se-

« courue et aydée. Tous sommes en la fleur de nostre
« aage, en la vigueur de noz ans, et en la force de
« nostre jeunesse; chescun mecte la main à l'euvre, à
« tirer les charrois, porter bouletz, et le premier qui
« gaignera le plus hault de la montaigne avant moy
« aura dix escutz. »

La fin de ceste remonstrance fut que le seigneur de
La Tremoille, ses vestemens laissez fors chausses et
pourpoint, se mist à pousser aux charroys et à porter
groz bouletz de fer, en si grant labeur et diligence que
à son exemple la pluspart de ceulx de l'armée, mesment les Alemans, de son grant et bon vouloir esbaiz,
se rengerent à ceste euvre; et par ce moien fut toute
l'artillerie passée par les montaignes et vallées, avec les
municions, par la prudente conduicte dudict seigneur
de La Tremoille, qui tousjours croissoit les courages
des Alemans et aultres, par belles parolles, choses ex-
citatives à euvres difficiles, reveillans l'esprit, comme
par trompetes, clarons, fleutes, tabours, bons vins,
promesses de recompenses, et aultres semblables que
bien entendent experimentez capitaines. Et, l'euvre mis
à louable fin, le seigneur de La Tremoille, noir comme
ung more, pour l'extuante chaleur qu'il avoit suppor-
tée, en feit rapport au Roy, qui luy dist : « Par le jour-
« d'huy, mon cousin, vous avez fait plus que peurent
« onc faire Hannibal de Cartage ne Jules Cesar, au
« dangier de vostre personne que ne voulustes onc
« espargner à me servir et les miens. Je promectz à
« Dieu que si je puis vous revoir en France, les recom-
« penses que j'espere vous faire seront si grandes que
« les autres y acquerront une nouvelle estude bien me
« servir. » Le seigneur de La Trimoille luy respon-

dit : « Il me desplayst, Sire, que mon corps et mon
« esprit ne se peuvent mieulx acquiter au deu de mon
« office, et ne veulx aultre recompense que voustre grace
« et bienveillance. »

La journée de Furnoue.

Les Alpes passées, le Roy alla disner au lieu de
Furnoue, et à une lieue delà, pres de ses ennemys, son
camp fut assis. Le lendemain, apres la messe ouye, l'armée du Roy marcha en bon ordre. L'avantgarde estoit
conduicte par le mareschal de Gyé et le seigneur Jehan
Jacques [1], Italien : et assez pres d'eulx marchoient les
Souysses en bon ordre, conduictz par monseigneur En-
gilbert Declaves, comte de Nevers, le Bailly de Dijon,
et le grant escuier de la Royne. Les helles de l'armée
estoient aux deux coustez. Guyot de Lovyers et Jehan de La Grange, maistres de l'artillerie, la condui-
soient bien acoustrée pour tirer ; consequemment
marchoit la bataille de laquelle le Roy estoit chief.
Les seigneurs de Ligny, de Pyennes, le bastard Mathieu, et aultres seigneurs et capitaines vaillans et
hardiz estoient autour de sa personne. Apres la bataille
marchoit l'arriere garde que conduisoit ledit seigneur
de La Tremoille, où estoit le seigneur de Guyse avec
les guetz bien ordonnez.

L'armée des ennemys, qui estoit en frontiere, commença tirer une grosse piece d'artillerie contre l'avantgarde françoise, qui ne s'esmeut et passa oultre ; puis

---

[1] *Le seigneur Jehan Jacques :* Jean-Jacques Trivulce, seigneur mi-
lanais, ennemi personnel de Ludovic. Il devint par la suite maréchal
de France.

l'artillerie des François commença tirer en si bonne
sorte qu'elle brisa la piece qui avoit tiré contre eulx,
et occist le principal de leurs canonniers et aultres
gens des ennemys, ce qui les feit ung peu reculler. Et,
voulans user d'une cautelle de guerre pour mectre en
desordre l'armée des Françoys et frapper sur la bataille où estoit le Roy, apres avoir sceu par une espie (1) l'acoustrement du Roy, feirent deux choses : l'une
qu'ilz envoyerent grant quantité d'Albanoys et Extradiotz courir sur le bagage du Roy, qui s'en alloit à
cousté gauche sur la greve soubz conduycte du capitaine Audet, lequel, combien qu'il fust chevallier de
bonne conduycte, prudent et hardy capitaine, ne povoyt à son desir faire marcher les gens dudit bagage
qui estoyent en nombre grant. Et, par leur deffault, furent deffaictz et la pluspart du bagage pillé par lesdictz Extradiotz et Albanoys, dont l'armée de France
ne fist compte.

L'autre chose que feirent les ennemys fut que eulx,
voyans la constance des Françoys qu'ilz ne pensoyent
estre telle, mais les jugeoyent ne batailler qu'en fureur et sans ordre, assemblerent ung bon nombre des
plus gens de bien et mieulx experimentez de leur armée, pour donner sur la bataille des Françoys où estoit
le Roy, lequel ilz se actendoyent prendre ; mais il y
obvia : car, prins des avantgarde, bataille et arriere
garde de son armée certain nombre des plus hardiz
hommes, sans changer les chiefz, actendit ses ennemys
en bonne ordre et grosse hardiesse. Si vindrent les ennemys contre eulx, et le Roy et la bataille contre ses
ennemys ; et, la greve passée, se rencontrerent ; et vin-

(1) *Espie* : espion.

drent les avantcoureurs choquer assez hardyment sur la bataille où estoit le Roy, et, d'une part et d'autre, feirent des grans faictz d'armes. Puis, pour le renfort, la grant bande des ennemys qui s'estoit tenue au couvert es boys là pres, dont le marquis de Manthoue estoit conducteur, sortit impetueusement au descouvert pour donner sur le Roy; mais ladicte bande, qui estoit de huyct cens lances, fut rompue par ledict seigneur de La Trimoille et troys cens lances qu'il avoit soubz sa charge. Neantmoins la meslée fut grande, et y eut de grans coups donnez d'une part et d'aultre; mais, ainsi que Dieu voulut, les ennemys furent deffaictz et tous occis, fors ceulx qui peurent fouyr; car il y en eut grant nombre qui plus feirent de leurs esperons et chevaulx que de leurs mains et bastons. Et demoura le Roy de France victorieux, par le secours et bon service dudict seigneur de La Trimoille et aultres vaillans princes, cappitaines, et gens de bien de France.

Ce dangier passé par ceste triumphante victoyre, le Roy, l'espée au poing et triumphateur des Italles, retourna en son royaulme de France, lors riche de paix et de tous biens; et, certain temps apres, vaccant l'estat de admiral de Guyenne, par le trespas dudict bastard Mathieu de la maison de Bourbon, ledict seigneur de La Trimoille en fut pourveu; et fist faire une fort belle nef, appellée la *Gabrielle*, du nom de son espouse, qu'il mist en pleine mer, bien equippée, pour le service du Roy et du royaulme. Et lors que ledict roy Charles travailloit à faire exercer justice en son royaulme, voulant ouyr deux foiz la sepmaine les plainctes de ses subgectz, avant que povoyr recompenser ledict seigneur de La Trimoille, selon sa promesse, des services qu'il luy avoit faictz et au bien publicque, alla de vie à trespas au chasteau d'Ambaise, le septiesme jour d'apvril l'an 1497, avant Pasques, selon la computacion de Paris où l'on commance l'année à Pasques, et selon la computacion rommaine et de Aquitaine, l'an 1498, parce que les Rommains commencent l'année à Noël, et les Aquitaniens, à la Nostre Dame de mars. Ce bon Roy ne laissa aulcuns enfans de sa chair, et fut son corps mis, avec les aultres roys de France, en l'eglise de l'abbaye Sainct Denys en France.

CHAPITRE XVIII.

Commant, apres le trespas du roy Charles VIII, le seigneur de La Trimoille fut appellé au service du roy Loys douziesme de ce nom.

Le seigneur de La Trimoille fist grant dueil du trespas du roy Charles, son seigneur et maistre, non contre la raison, car avec le corps perdit l'espoyr de la recompense de ses labeurs, parce qu'il estoit sans enfans decedé, et que madame Anne de Bretaigne sa vefve avoit tousjours quelque suspeçonneux regard sur luy, à l'occasion de la guerre de Bretaigne, aussi que monsieur Loys duc d'Orleans, qu'il avoit à la-dicte guerre prins prisonnier, succedoit à la couronne de France, comme le plus proche en ligne masculine collateralle par faulte de la directe. Mais tout vinst au contraire de son ymaginacion, car ledict duc d'Or-leans, nommé Loys XII, incontinant apres le decés

dudict roy Charles et avant son couronnement, manda
ledict seigneur de La Trimoille, et, de son propre
mouvement, sans aulcune requeste, le confirma en tous
ses estatz, offices, pensions et biensfaictz, le priant luy
estre aussi loyal que à son predecesseur Charles, avec
promesse de meilleure recompense. Ledict seigneur
de La Trimoille le remercia, et mist si bonne peine
de luy estre obeissant que son bon service fist depuis
sortir une envie es cueurs d'aulcuns gentilz hommes qui
plus servoyent le Roy de faulx rappors que·de bon
conseil, combien que la prudence du Roy fut si grant
durant son regne, et fut si jaloux de sa renommée,
qu'il experimentoit les gens avant que les croyre, et
avoit gens pour son passetemps, sans lesquelz toutes
les pesans affaires du royaulme estoyent conduictz et
faictz : et combien qu'il n'eust les aureilles serrées aux
parolles, toutesfoiz ne leur donnoit lieu à l'honnourable siege de sa memoyre.

L'affaire qui plus fist d'ennuy à l'esperit du Roy, au
commancement de son regne, fut que dés ses jeunes
ans avoit espousé madame Jehanne de France, fille
du feu roy Loys XI, duquel a esté cy dessus escript,
par la crainte d'iceluy Roy, qui severe estoit à ceulx
de son sang plus que la raison ne vouloit; toutesfoiz
ne l'avoit, ainsi qu'on dit, jamais congneue charnel-
lement, actendant la mutacion du temps et des personnes, à ce qu'il peust aultre espouse avoir, car in-
disposée estoit à generacion pour l'imperfection de
son corps, combien qu'elle eust fort beau visage. Or
vinst le temps qu'il le peut faire sans contradition
aucune; mais, luy qui vouloit droictement vivre et ne
faire chose à sa royalle dignité repugnante, craignoit

executer ceste ancienne et continuée volunté, dont, apres son sacre et couronnement, se declaira audit seigneur de La Tremoille, pour en avoir son conseil et aussi en porter la parolle à ladicte dame. Ledict seigneur feit response au Roy que s'il estoit ainsi que jamais n'eust donné consentement à ce simullé et contrainct mariage, que facillement, selon son jugement, pourroit estre solu, actendu qu'il n'avoit icelluy consummé ne eu d'icelle dame, charnelle congnoissance : toutesfoiz que le mieulx seroit sur ce assembler gens lectrez, ayans le savoir et l'experience de telles matieres, et que ce pendant sentiroit le vouloir de ladicte dame, ce qu'il feit ; car, par le commandement du Roy, ung jour alla vers elle et luy dist :

« MADAME, le Roy se recommande tresfort à vous,
« et m'a chargé vous dire que la dame de ce monde
« qu'il ame plus est vous, sa proche parente, pour
« les graces et vertuz qui en vous resplendent ; et est
« fort desplaisant et courroussé que voz n'estes dis-
« pousée à avoir lignée, car il se sentiroit eureux
« de finer ses jours en si saincte compaignée que la
« vostre. Mais vous sçavez que le royal sang de France
« se commance à perdre et diminuer, et que feu vostre
« frere le roy Charles est decedé sans enfans ; et si
« ainsi advient du Roy qui à present est, le royaume
« changera de lignée, et par succession pourra tumber
« en main extrange. Pour laquelle consideracion luy a
« esté conseillé prendre aultre espouse, si vous plaist
« y donner consentement, jaçoit ce que de droict
« n'y ayt vray mariage entre vous deux, parce qu'il
« dict n'y avoir donné aucun consentement, mais
« l'avoir faict par force et pour la crainte qu'il avoit

« que feu monseigneur vostre pere, par furieux cour-
« roux, actemptast en sa personne : toutesfoiz il a tant
« d'amour à vous que mieulx ameroit mourir sans
« lignée de son sang que vous desplaire. — Monsei-
« gneur de La Tremoille, dist ladite dame, quant je
« penserois que mariage legitime ne seroit entre le Roy
« et moy, je le prierois de toute mon affection me laisser
« vivre en perpetuelle chasteté, car la chose que plus
« je desire est, les mondains honneurs contemnez et
« delices charnelles oubliées, vivre spirituellement
« avec l'eternel Roy et redoutable Empereur, duquel
« en ce faisant et suyvant la vie contemplative, je
« pourrois estre espouse et avoir sa grace. Et d'aultre
« part je serois joyeuse, pour l'amour que j'ay au Roy
« et à la couronne de France, dont je suis yssue, qu'il
« eust espouse à luy semblable, pour luy rendre le
« vray fruict de loyal et honneste mariage, la fin du-
« quel est avoir lignée ; le priant s'en conseiller avec
« les sages, et ne se marier par amour impudicque et
« moins par ambicion et avarice. »

Le seigneur de La Tremoille recita le dire de madame Jehanne de France, au Roy, qui, en gectant ung
groz souspir, pour son cueur descharger de douleur,
dist : « Je suis en grant peine et perplecité, mon cou-
« sin, de cestuy affaire, et non sans cause. Je congnois
« la bonté, doulceur et begnivolence de ceste dame,
« sa royalle generacion, ses vertus incomparables et sa
« droicture ; et d'autre part je sçay que d'elle ne pour-
« rois lignée avoir, et par ce deffault le royaume de
« France tumber en querelle et finablement en ruyne.
« Et, combien que je n'aye vray mariage avec elle con-
« tracté, ne eu d'elle charnelle compaignée, neantmoins

« à la raison de ce que long temps a esté tenue et re-
« putée mon espouse par la commune renommée, et
« que en ces jours mes infortunes ont esté doulcement
« par elle recuillies jusques à la rencontre de ma pre-
« sente felicité, me ennuye me separer d'elle, doub-
« tant offenser Dieu, et que les extranges nations igno-
« rans la verité du faict en detractent. »

Pour toutes ces consideracions et aultres, le Roy
differa, pour quelque temps, à faire declairer nul ce
mariage, mais, pressé par les princes de France, obtinst
ung brief du pape Alexandre VI, et juges deleguez
pour congnoistre s'il y avoit vray mariage ou non.
Lesquelz, apres avoir ouy luy et ladicte dame, et fait
enqueste de la verité du faict en forme de droit, par
sentence donnée en l'an 1499 (1) par le cardinal de
Luxembourg, evesque du Mans, monsieur Loys d'Ambaise, evesque d'Alby, et monsieur Ferrand, evesque
de Cepte, juges deleguez en ceste partie par le Pape,
ledict supposé mariage fut declairé nul, et licence
donnée en tant que besoing estoit, par auctorité apostolicque, audict roy Loys, de povoir prendre par mariage telle femme que bon luy sembleroit (2). Apres
laquelle sentence donnée, il espousa madame Anne
duchesse de Bretaigne, lors vefve dudict feu Roy Charles VIII, et bailla pour appenage à madame Jehanne
de France, la duché de Berry, avec beau et honneste
train, qu'il luy entretinst jusques à son deces, qui fut
en l'an 1505, en la ville de Bourges, où elle feit tousjours depuis sa principalle residence, et vesquit en si

(1) *L'an 1499* : cet acte est de 1498. — (2) *Que bon luy sembleroit* :
voyez les détails de cette affaire dans le Tableau du règne de Louis XII,
placé en tête des Mémoires de Bayard. (Tom. 15 de cette collection.)

grant saincteté que apres son deces Dieu a fait plusieurs miracles es personnes d'aucuns malades qui l'ont priée et reclamée.

~~~~~~

CHAPITRE XIX.

Commant, par la sage conduicte du seigneur de La Tremoille, Loys Sforce, usurpateur de Milan, fut prins prisonnier, et la duché de Milan mise entre les mains du roy Loys XII.

APRES toutes ces choses faictes en la seconde année du regne du roy Loys XII, non obstant qu'il eust trouvé son royaume pauvre de deniers et riche d'honneur, neantmoins meist si bon ordre en toutes ses affaires que, sans augmenter ne croistre les tailles et aydes, mais les diminuant, droissa grosse armée pour la recouvrance de sa duché de Milan, lors occupée par la tyrannie de Loys Sforce, qu'on nommoit le More, et laquelle avoit, par François Sforce son pere, esté usurpée sur le pere dudict roy Loys, auquel elle appartenoit à cause de Valentine sa mere, fille de Phelipes Marie, vray duc de Milan, et espouse de monseigneur Loys duc d'Orleans qui fut occis à Paris par la faction de Jehan duc de Bourgongne, son cousin germain ; laquelle armée ledit Roy Loys envoia delà les mons soubz la conduicte du seigneur d'Aubigny et du seigneur Jehan-Jaques, italien, qui feirent telle peur audit Loys Sforce, que, la ville de Milan par luy et Maximilian son filz habandonnée et laissée, se retirerent

au roy des Rommains Maximilian. Parquoy fut ladite ville par les François prinse sans resistence, en
ladite année 1489 (¹); et peu de temps apres ledict roy
Loys y feit son entrée, et luy fut rendu le chasteau, qui
estoit d'une merveilleuse defense et presque impre-
nable, comme aussi furent plusieurs aultres chasteaux
et villes dudict duché, et entre aultres la ville et com-
munité de Genes, de laquelle le Roy feit gouverneur
messire Phelippes de Ravastain, son proche parent à
cause de madame Marie de Cleves sa mere, puis s'en
retourna en France.

Incontinant apres, ledict Loys Sforce, accompaigné
de grant quantité de Alemans et Souysses, par la faction des habitans de ladite ville de Milan qui avoient avec
luy intelligence, reprinst icelle ville, et en mist hors les
François et ledit seigneur Jehan-Jaques qui en estoit
gouverneur, dont le Roy fut fort desplaisant, et soudain
y renvoia son armée bien equippée, soubz lesdictz seigneurs d'Aubigny et Jehan-Jaques, ses lieutenans ge-
neraulx en ceste guerre, qui estoient gens de cueur,
hardiz, et de grant entreprinse et conduicte ; mais le
bien faire leur fut difficille, à la raison de ce qu'ilz ne
s'accordoient en deliberacions, contre l'ordre de discipline militaire ; et de ce adverty, le Roy non ignorant
ledict seigneur de La Tremoille estre eureux en ses
entreprises, l'envoia son lieutenant general delà les
mons avec lesdictz seigneurs d'Aubigny et Jehan-Jaques, ausquelz manda le croire et faire ce qu'il diroit ;
ce qu'ilz feirent, et furent de si bon accord que avec
l'armée françoise approcherent de la ville de Milan,
de laquelle Loys Sforce vuyda, et avec cent chevaulx

(¹) 1489 : *lisez* 1499.

seulement se retira en la ville de Novarre où estoit son armée, en laquelle avoit quatre mil Souysses, huit mil lancequenetz, huit cens hommes à cheval de la Franche-Comté de Bourgongne, et sept mil aultres gens de guerre de Italie; l'armée du Roy, en laquelle y avoit dix mil Souysses, le suyvit; et quant ilz furent davant Novarre, ledit seigneur de La Tremoille trouva moien de parler aux ennemys du Roy, quoyques soit, à partie d'iceulx et à leurs capitaines, ausquelz il feit telles ou semblables remonstrances :

« Aulcun de vous, messieurs, ne ignore que, à bon droict et juste tiltre, au roy de France, mon souverain seigneur, appartient la duché de Milan, à cause de madame Valentine Marie (1) son ayeule, unicque fille et heritiere de feu de bonne memoyre Phelippes Marie, vray duc de Milan, et que Francisque Sforce, filz de Attendule Sforce, premierement avanturier de guerre de humble et petite maison, par tyrann:e usurpa ceste riche duché, et encores, par force et contre raison, la tient Loys Sforce son filz. A ceste consideracion je m'esbays dont vous, messieurs les Souysses, qui vous nommez amateurs d'equité, justice et droicture, voulez porter la faulse querelle contre le bon droict, le tyrant contre le vray seigneur, le simple chevallier contre ung si puissant Roy, ung estrangier contre vostre congneu, et ung pauvre contre ung riche.

« Quelle fureur occupe voz hardiz courages et droictes voluntez de laisser la tant secourable et amou-

_____

(1) *Valentine Marie* : il y a plusieurs erreurs dans cette phrase. Valentine estoit sœur et non pas fille de Philippe Marie Visconti. Elle devoit le jour, comme nous l'avons dit plus haut, à Jean Galeas Visconti. Elle avoit été mariée au duc d'Orléans, aïeul de Louis XII, en 1389.

reuse alliance des Françoys, voz freres et voysins, pour
à extrange et barbare nation adherer ? Quel espoir
prenez-vous en homme sans foy, non observateur de
promesse, qui ne vous ame fors à sa necessité, et ne
sauroit vous tenir ce qu'il vous a promis ? Avez-vous
oublié les honneurs et biens à vous faictz en si grant
liberalité par les roys de France ? Ne vous peult cer-
tiffier de perpetuelle amour et confederacion la bien
congneue confiance du Roy en la nation de vous,
messieurs les Souysses, dont il a prins certain nombre
de voz freres ou enfans pour la continuelle garde de
son corps ? et vous, messieurs les Alemans, en ce
qu'il est, à cause de sa mere, de vostre sang ?

« Quel reproche seroit-ce à vous et aux vostres, si
vous soustenez tyrannie contre vraye seigneurie, injustice contre equité, rapine contre le juste tiltre, crudelité contre clemence, rebellion contre deue obeïs-
sance, et inhumanité contre clemence ! Je vous prie,
messieurs, que vos yeulx gectez sur la raison, üsans
de droicture, remonstrez à Loys Sforce sou tort, et le
contraignez à rendre au Roy ce que par force il occupe,
et par tyrannie retient ; et s'il est dur au croyre,
avec egal œuil regardez la raison et soyez pour l'innocence, ensorte que vostre cler renom n'en soit obscursy. »

Ces remonstrances et aultres de trop long recit
donnerent occasion aux Souysses, lancequenetz et
Bourguignons, d'eulx assembler, pour adviser à ce qui
leur avoit esté dict par ledict seigneur de La Tremoille. Les aulcuns soustenoyent la maulvaise querelle de Loys Sforce, les aultres, et la plus grant part,
le bon droict et juste tiltre du roy de France, et, le

tout mis à la juste balance d'equité, remonstrerent à Loys Sforce son tort, le persuadant faire composicion avec les Françoys; à quoy ne voulut entendre ne les Souysses payer de leur soulte, pour lesquelles causes luy declairerent qu'ilz ne frapperoyent coup pour luy, et qu'il saulvast sa personne s'il povoit; dont fut fort esbay, les priant, puisque ainsi le voulloyent habandonner, qu'il s'en allast avec eulx, en habit dissimullé, ce qu'il s'efforça faire soubz l'habit d'ung cordelier, parce que plusieurs cordeliers estoyent en son armée servans de chappelains et confesseurs; et avec les Souysses sortit de Novarre, cuydant par ce moyen se saulver, mais il ne peult; car, comme les Souysses eussent faict composicion avec ledict seigneur de La Tremoille et aultres capitaines, et eussent declairé ledict Loys Sforce avoir evadé, ledict seigneur de La Tremoille, pour le trouver en l'armée, fist tous les Souysses et aultres gens de pié passer soubz la picque, où il fut congneu et prins par ledict seigneur.

Les nouvelles de ceste prinse furent incontinant portées par la poste au roy de France estant lors à Lyon, ung jour assez matin, dont fut joyeux, et pour donner partie de sa joye à la Royne, se transporta en sa chambre et luy dist : « Madame, croyez vous bien « que monsieur de La Tremoille ait prins Loys « Sforce? » Sa responce fut que non, car encores n'estoit son cueur paciffié de la victoyre que ledict seigneur avoit eu contre le duc de Bretaigne son pere. Et le Roy luy replicqua : « Si a pour certain et vous « asseure que jamais roy de France n'eut ung plus « loyal et meilleur serviteur ne plus eureux en ses « entreprises; et si je ne meurs bien tost je le recom-

« penseray ensorte que les aultres capitaines auront
« vouloir de me bien servir. » La Royne, voyant l'affectionné vouloir du Roy sur ledict seigneur de La
Tremoille, ne dist chose aulcune au contraire, mais
commença à fort exalter icelluy seigneur.

Dés ce que le cardinal Ascaigne, frere de Loys
Sforce qui estoit en la ville de Milan, sceut la prinse
de son frere et la roupture de son armée, incontinant
envoya ses enfans à Maximilian, roy des Rommains,
et se mist aux champs le plus tost qu'il peult pour
se saulver, et comme il vouloit se retirer à Boulongne,
accompaigné de six cens hommes à cheval, Soucyn,
capitaine venicien et frere du marquis de Mantue, le
suyvit jusques au chasteau de Ryvolle, où il le prinst
avec cent mille ducatz et plusieurs riches bagues. Les
citoyens de Milan, fort esbaiz de ceste prise, soudain
envoyerent vers le seigneur de La Tremoille et autres
capitaines, les clefz de ladicte ville, par leurs ambassadeurs chargez de composer et moyenner pour leur
forfaicture ; pour lesquelz ouyr le conseil fut assemblé,
où presidoit le cardinal d'Amboise que le Roy y avoit
envoyé, et, apres leur peroration et requeste, iceulx
esloignez du conclave, chascun en dist son opinion.
Aulcuns disoyent qu'on devoit mettre à sac la ville
de Milan et l'abandonner au pillage, sans donner la
vie à homme qui eust plus de quinze ans, et que ainsi
l'avoit faict aux Saxons le roy Clotaire II et le roy
Charlemaigne.

La raison de leur dire estoit que les Milanoys
sçavoyent tresbien le Roy estre leur naturel seigneur
et la duché de Milan luy appartenir à vray tiltre
hereditaire, pour tel l'avoient recongneu et faict le

serment de fidelité ; que à ce moyen le Roy leur avoit diminué partie de leurs tributz, iceulx remis en leur liberté, ordonné et estably ung parlement pour leur administrer justice, mis hors la captivité de Loys Sforce, lequel usoit de leurs personnes, femmes et biens à son plaisir, marioit leurs filles à sa volunté, et les tenoit en telle servitude que aucun des habitans n'eust ousé dire cela est mien ; avoit oultre perpetué leurs offices temporelz, et donné plusieurs grans privilleges. Ce nonobstant, comme gens sans foy, ingratz, parjures, avoient conspiré contre le Roy, receu et remis en leur ville ledict Ludovic, choisissant le tirant et persecuteur pour le vray seigneur et protecteur, et la pluspart des Françoys crioyent que les Milannoys fussent deffaictz et ruynez. Le seigneur de La Tremoille considerant, comme dict Tulle [1] en ses Offices, que à la conqueste des villes on se doit garder d'y faire chose temeraire ne cruelle, pour moderer ces opinions procedans plus de ire que de raison, commença parler ainsi :

« Quant ire et trop grant celerité se rencontrent en la chose qu'on veult executer, vous entendez, messieurs, que voluntiers la rendent mal faicte et au deshonneur de l'aucteur, à la raison de ce que trop grant celerité, temerairement et sans consideracion precipite les choses, et ire y ouvre sans prevoyr la fin. Pour ces consideracions le feu de nostre juste

---

[1] Comme dict Tulle : *De evertendis autem diripiendisque urbibus, valde illud considerandum est, ne quid temere, ne quid crudeliter fiat : idque est viri magnanimi, rebus agitatis, punire sontes, multitudinem conservare, in omni fortuna recta atque honesta retinere.* De Officiis, lib. I, c. 24.

indignacion extraict et le conseil des plus saiges prins,
regardons quel bien pourra de la ruyne de ceste tant
riche et noble ville advenir. C'est la premiere conqueste que noz peres, les Gaules, firent en Italie, il y a
plus de deux mille ans; c'est leur ediffice et demourance qu'ilz nommerent la Gaule transalpine; c'est
le vray heritage du Roy et son paternel domaine. Je
sçay bien que, par les loix et statutz de plusieurs citez,
la mort est la juste peine de moindres crimes que
celuy de la rebellion et desloyaulté de ceulx de
Milan; toutesvoiz doyvons considerer, messieurs, la
fragilité de nostre nature, et que souvent les hommes,
par esperance solicitez, entrent es dangiers des guerres,
et onc homme à peril ne se exhiba que l'actende de
bonne yssue ne luy donnast quelque asseurance, et
onc cité ne se revolta contre son naturel seigneur
qu'elle ne se extimast à luy pareille en force et ne
tendist à plus grant liberté.

« C'est une chose en tous humains née que peché,
soit au secret ou en public, et n'y a severité ne rigueur de loy qui les en puisse tousjours empescher.
Les hommes sont facilles à delinquer par fureur in-
sanable et par faulte de non assez puissante bride
de raison, et encores plus par foul espoir et cupidité. Le foul espoir, non voyant son peril, les conduit,
et cupidité de prosperité ostentatoire les accom-
paigne, dont procede que les incertains loyers et non
asseurées recompenses excedent en puissance les dangiers incongneuz et peines non pourpensées; puis la
fortune du futur gaing incite les courages à desirer
liberté, empire, et principaulté. Et davantage est une
chose impossible, voire folle à croire, lors que l'hu-

maine pensée est d'aucun immoderé affect surprinse
et excitée, que par la crainte de la rigueur et severité
de la loy en puisse estre retraincte et prohibée.

« Pources consideracions, messieurs, mon oppinion
est, sauf vostre meilleur advis, que non obstant la
faulte des Milanoys, qui contre le Roy se sont revoltez
et rebellez, ne doyvons aucune chose griefve contre
eulx statuer ne ordonner, mais qu'on leur doit remectre l'honneur et la vie, et commuer la peine de
leurs corps en raisonnables amendes pecuniaires, pour
le deffroy de nostre armée, moiennant ce qu'ilz feront
nouveaux sermens de fidelité, et promectront avec
juremens, pour l'advenir, obeissance et fidelité au Roy,
comme leur naturel et vray seigneur. Par ceste clemence, les aultres qui ont comme eulx failly, non desesperez de pardon, se pourront plus legierement
repentir et eulx soubmectre à la raison : et si par cupidité de vengence nous les importunons et opprimons
de mort, ou de trop longue poison, ou excessive ren-
çon, les rendrons impuissans de deniers à paier leurs
tribuz et subvenir à noz belicqueux usages, sans lequel ayde impossible est que le corps publicque
puisse subsister.

« Nous ne doyvons comme juges si estroictement
pugnir les delinquens, mais considerer le grant bien
qui peut venir et proceder de cité par moderacion
corrigée ; et que mieulx est gardée la foy des citoiens
par doulceur et innocence que par la severité des loix
escriptes ; mieulx est tollue l'occasion de rebellion
par honneste entretiennement que provocquer par crudelité les gens à obstinacion de mal ; les choses per-
dues se doyvent, qui peut, par benignité recouvrer,

et les recouvertes, par justice et doulceur conserver. Et pour brief conclurre, en mon advis, je arbitre chose plus utille au Roy, nostre souverain seigneur, à nous, et à tout le pays, paciffier nostre ire, oublier nostre injure, et moderer la vengence par clemence, que totallement ruyner et destruyre ceulx qui se reppentent et demandent pardon. La condicion des Françoys est prompte fureur et avoir pitié des vaincuz; que ire immoderée ne perisse ce glorieux renom. »

Tous ceulx du conseil furent de l'oppinion du seigneur de La Tremoille, et le jour du vendredy sainct de l'an 1500, qui fut le dix-septiesme jour d'avril, sept jours apres la prinse de Ludovic Sforce, les Milannois feirent amende honnourable au roy de France, en presence dudit cardinal d'Amboise ayant charge expresse du Roy pour la recepvoir en ladicte ville de Millan, en la maison du Roy. Publicquement et en grant solennité, leurs vices leur furent pardonnées et leurs biens saulvez, moyennant la somme de troys cens mil livres, dont ilz baillerent cinquante mille contans, les aultres cinquante mil promirent bailler le douziesme jour de may ensuyvant, et les deux cens mil, à la volunté du Roy; et feirent les nouveaulx sermens de fidelité. Tout cela faict, ledict seigneur de La Tremoille, adverty de la prinse dudit cardinal d'Ascaigne, envoya vers les Veniciens, à ce qu'ilz le rendissent au Roy avec ses ducatz et bagues qu'ilz avoyent prins en sa duché, et aussi l'espée royale du grant escuyer de France, laquelle avoit esté prinse es coffres du roy Charles VIII, à Furnoue, par les Albanoys, comme il a esté dict dessus; et où les Veniciens differeroyent, les y contraindre à main armée;

en quoy ilz penserent, et voyans fortune donner faveur audit seigneur de La Trimoille, luy envoyèrent ladicte espée avec ledit cardinal d'Ascaigne, et partie de ses bagues et ducatz. Quelque temps apres fist mener ledit cardinal à Lyon, où jà avoit esté mené Loys Sforce son frere, lequel Loys Sforce fut depuis envoyé par le Roy au chasteau de Loches pour sa prison.

Deux ans apres, le Roy retira et conquist le royaulme de Naples, mais ung an ou deux apres ledit recouvrement, le perdit par la roupte d'une bataille que les Françoys eurent contre domp Ferrand, roy d'Espaigne, l'armée duquel estoit conduicte par Gonssalle Ferrande (1), et l'armée de France par le comte de Guyse (2) de la maison d'Armignac, et par messire Jacques de Chabannes, l'ung des hardiz chevalliers et capitaines qui fut onc en France. Et fut occis en ceste bataille (3) ledit comte de Guyse, et les Françoys deffaictz par la coulpe des tresoriers, qui, pour eulx enrichir des deniers ordonnez pour le deffray de l'armée, la laisserent sans vivres, ne payèrent à temps et heure les gensd'armes, par le moyen dequoy ne se povoyent nourrir, ne leurs chevaulx, et dont le Roy fut fort desplaisant et courroussé, tant contre les gensd'armes qui retournoyent, lesquelz ne voulut veoyr ne ouyr, que contre les tresoriers, dont en fist pugnir aulcuns par justice.

Pour le recouvrement de Naples, quelque temps

---

(1) *Gonssalle Ferrande* : le fameux Gonsalve de Cordoue. — (2) *Le comte de Guyse* : il est connu dans l'histoire sous le nom de duc de Nemours. — (3) *En ceste bataille* : cette bataille est celle de Cerignole : elle fut gagnée par Gonsalve de Cordoue, le 28 avril 1503.

après, le Roy fist son lieutenant general ledit seigneur de La Tremoille, qui partit de France et passa les monts avec une fort belle armée ; mais en allant, une maladie le surprinst, nonobstant laquelle il passa oultre sans se arrester pour icelle, jusques à tant qu'il fut par necessité contrainct demourer par impuissance ; car il fut si pressé de son mal que, desesperé de vie, les medecins manderent au Roy que impossible estoit à nature le relever, et que sans le divin secours ne pourroit guerir ; par laquelle cause le Roy manda audit seigneur que peu à peu retournast en France, ce qu'il fist, à son grant regret, avec l'armée françoyse ; et fut pres d'ung an apres tousjours continuellement malade et hors d'espoir de santé, dont le Roy estoit fort desplaisant, car c'estoit le seigneur de Court, du nombre de ceulx qui povoyent service faire au Roy et à la chose publicque, le moins importun, et qui moins demandoit de choses au Roy, pour luy et ses serviteurs, doubtant luy desplaire, et aux princes et aultres capitaines esquelz on doibt esgallement distribuer les estatz, selon leurs qualitez et merites, et que le Roy soit bien servy, et que en sa necessité il trouve à son secours plus d'ung, de deux, de troys et de quatre capitaines experimentez à conduyre ses guerres.

Il se contentoit de peu sans trop entreprandre, et n'eust voulu par ambicion donner occasion aux princes de la Court ne aux gentilz hommes meritans avantaige, d'avoir contre luy envie, considerant que les groz morceaulx, prins en hastiveté et par excés, estranglent ceulx qui ainsi les devorent ; et rememoroit souvent les excés faiz à aucuns connestables de France et autres gouverneurs trop entreprenans par les princes

du sang, mesmement durans les regnes des roys Loys
Hutin, Jehan, Charles VI et Charles VII. Il ne ven-
dit onc office, et n'en demanda jamais pour les vendre
et en faire son profit particulier; aucuns de la maison
du Roy s'en esbaïssoient, vu son bon credit, et mesmement ses serviteurs : pour ces consideracions et
les merites dudit seigneur, vacant l'estat de gouverneur de Bourgongne et des pays adjacens, par le
deces de monseigneur Gilbert de Cleves, comte de
Nevers, le roy Loys en pourveut iceluy seigneur;
et l'a tenu jusques à son deces, à son honneur, qui
est ung bel estat et fort desiré par les gens de bien.

CHAPITRE XX.

Des meurs, vertuz, gouvernement et forme de vivre
de madame Gabrielle de Bourbon, premiere espouse
du seigneur de La Trimoille, et monsieur Charles
leur filz ; où est incidemment parlé d'aucunes
dames qui ont esté excellentes en bonnes lettres.

Nous avons veu comme, incontinant apres la premiere année que le seigneur de La Trimoille eut
espousé madame Gabrielle de Bourbon, fille du feu
comte de Mompensier, elle eut ung filz, nommé Charles,
et à la raison de ce que la forme de vivre de celle
noble dame vault bien estre reduicte à memoyre,
pour la doctrine des dames qui pourront lire cy dé-
dans, je escripray en briefves parolles ce que je y ay
peu veoyr et congnoistre : c'est que ceste dame estoit

devote, et pleine de grant religion, sobre, chaste,
grave sans fierté, peu parlant, magnanime sans orgueil, et non ignorant les lettres vulgaires. Tous les
jours ordinairement assistoit aux heures canonialles,
oyoit la messe et disoit ses heures devotement sans
ypocrisie; elle se delectoit sur toutes choses à ouyr
parler de la saincte Escripture, sans trop avant s'enquerir des secretz de theologie; plus amoit le moral
et les choses contemplatives, que les argumens et sub-
tilitez escorchées de la lettre, par lesquelles le vray
sens est souvent perverty; elle se contentoit de peu de
viandes aux heures acoustumées; en public monstroit
bien elle estre du royal sang, descendue par ung port
assez grant et reverencial, mais au privé, entre ses
gentilzhommes, damoyselles, serviteurs, et gens qu'elle
avoit acoustumé veoyr, estoit la plus benigne, gracieuse, et familiere qu'on eust peu trouver; conso-
lative, confortative, et tousjours habondante en bonnes
parolles, sans vouloyr ouyr mal parler d'aultruy, ne
de chose lascivieuse, voluptueuse ne scandaleuse; et
hayoit les gens notez de telz vices.

Elle estoit si magnanime que bien se contantoit
estre la pluspart du temps privée des plaisirs et doulceurs de mariage, et dormir seule en ennuy et regret,
à ce que son espoux, en servant le Roy et s'emploiant
aux affaires du royaume et du bien public, acquist honneur et louange. Elle amoit trop mieulx le rapport luy
avoir fait louables armes, que tout l'or du monde;
elle estoit liberalle et magnificque en conviz, tapisse-
ries, vaisselle d'or et d'argent, comme à sa maison
appartenoit, sans superfluité : jamais n'estoit oyseuse,
mais s'emploioit une partie de la journée en broderie

et aultres menuz ouvrages appartenans à telles dames, et y occupoit ses damoiselles, dont avoit bonne quantité, et de grosses, riches et illustres maisons. Et quant aucunesfoiz estoit ennuyée de telz ouvrages, se retiroit en son cabinet, fort bien garny de livres, lisoit quelque histoire ou chose moralle ou doctrinalle; et si estoit son esprit ennobly et enrichy de tant bonnes sciences, qu'elle emploioit une partie des jours à composer petiz traictez à l'honneur de Dieu, de la vierge Marie, et à l'instruction de ses damoiselles; elle composa en son vivant une contemplation sur la nativité et passion de Nostre Seigneur Jhesucrist, ung aultre traicté intitullé *le Chasteau de Sainct Esprit*, ung aultre traicté intitullé l'*Instruction des jeunes filles*, et ung aultre traicté intitullé *le Viateur*, qui sont toutes choses si bien composées qu'on les extimeroit estre plus ouvrage de gens de grans lectrés que composicion de femme; voire et si n'estoit aucunement presumptueuse, car elle faisoit tousjours veoir et visiter ses compositions à gens de hault et bon savoir, comme je sçay, par ce que de sa grace me bailloit la charge de les faire amander.

Toutes ces bonnes meurs et condicions ayderent fort aux perfections que monseigneur Charles son filz acquist en jeunesse, voire autant que jeune prince qu'on eust sceu lors veoir. Aucuns trouvoyent extrange que ceste dame emploiast son esprit à composer livres, disant que ce n'estoit l'estat d'une femme, mais ce legier jugement procede d'ignorance; car en parlant de telles matieres on doit distinguer des femmes, et sçavoir de quelles maisons sont venües, si elles sont riches ou pauvres. Je suis bien d'opinion que les femmes de bas estat, et qui sont chargées et contrainctes vacquer aux choses familieres et domesticques, pour l'entretiennement de leur famille, ne doyvent vacquer aux lectres, parce que c'est chose repugnant à rusticité; mais les roynes, princesses et aultres dames qui ne se doyvent, pour la reverence de leurs estatz, applicquer à mesnager comme les mecaniques, et qui ont serviteurs et servantes pour le faire, doyvent trop mieulx applicquer leurs espritz et employer le temps à vacquer aux bonnes et honnestes lectres concernans choses moralles ou historialles, qui induisent à vertuz et bonnes meurs, que à oysiveté mere de tous vices, ou à dances, conviz, banquetz, et aultres passe-temps scandaleux et lascivieux; mais se doivent garder d'applicquer leurs espritz aux curieuses questions de theologie, concernans les choses secretes de la Divinité, dont le savoir appartient seulement aux prelatz, recteurs et docteurs.

Et si à ceste consideracion est convenable aux femmes estre lettrées en lettres vulgaires, est encores plus requis pour un aultre bien, qui en peult proceder: c'est que les enfans nourriz avec telles meres sont voluntiers plus eloquens, mieulx parlans, plus saiges et mieulx disans que les nourriz avec les rusticques, parce qu'ilz retiennent tousjours des condicions de leurs meres ou nourrices. Cornelie, mere de Grachus, ayda fort, par son continuel usaige de bien parler, à l'eloquence de ses enfans: Cicero a escript qu'il avoit leu ses epistres, et les extime fort pour ouvrage feminin. La fille de Lelius, qui avoit retenu la paternelle eloquence, rendit ses enfans et nepveux disers. La fille de Hortense feit une treseloquente oraison en la presence des Trivires de Romme. Les anciens habundoyent en femmes tres-doctes en toutes disciplines, mesmement les Grecz,

entre lesquelz, comme nous lisons, y eut plusieurs
femmes tresbien instruictes en philosophie. Platon eut
entre ses aultres disciples, deux femmes, l'une nommée
Lasthema Manthinea et l'autre Apiothea Phliasia, lesquelles, comme a escript Dicearchus, usoyent de ves-
tement virille pour plus commodement apprendre.
Aretha, fille d'Aristipus qui avoit esté disciple de
Socrates, sceut tant de philosophie qu'elle en monstra
et enseigna à son filz Aristipus le jeune. Pitagoras
n'a eu honte d'avoir escript qu'il avoit moult aprins de
philosophie de sa seur Theoclea ; aussi endoctrina en
philosophie sa fille, à laquelle laissa par son testament
ses Commentaires. L'amour qu'elle avoit aux lettres fut
cause dont elle garda perpetuelle virginité, et soubz
elle eut plusieurs pucelles ausquelles premierement
aprinst la philosophie de pudicité et chasteté.

Alexandre le Grant ne voulut espouser la fille du
roy Daire, jaçoit ce qu'elle fust tresbelle et tresriche,
et ayma mieulx prandre à femme, sans dot, Barsyne fille
de roy, toutesfoiz pauvre, parce qu'elle savoit les lettres grecques. Licurgus fut bien de ceste opinion, quant,
par ses loix, ordonna qu'on prendroit les femmes sans
dot, c'est à dire sans qu'elles eussent aulcune chose en
mariage, à ce que les hommes quissent les vertueuses
femmes et non leurs richesses, et que pour ceste raison
les filles se appliquassent à science et vertu. Nicos-
trata, mere de Evander, fut surnommée Carmente,
parce que richement composoit carmes et mettres par
lesquelz predisoit les choses futures. Nous lisons que
Mirtis Lirica et Coryna sa disciple furent tresbien instruictes en l'art poeticque, semblablement Anagora
Milesia, et Cornificia, seur du poete Cornificius, laquelle

composa plusieurs excellens epigrames dont depuis a
eu grant louange. Et si nous voulons parler des dames
crestiennes, pensons au savoir de Paule et Probe, dames rommaines ausquelles sainct Hierosme a escript
tant de belles epistres latines, et à la science argumen-
tative de saincte Catherine, qui, par argumentacions,
surmonta cinquante docteurs ; et ne oublions le livre
composé en latin par saincte Brigide, ne les prophecies
de toutes les sibilles.

Or estoit donc madame Gabrielle de Bourbon pleine
de bon sçavoir et elegante en composicion prosaïque,
qui selon le jugement de Chrisipus, en son livre *de
l'Institucion des enfans,* donna ung naturel instruict à
monsieur Charles son filz, prince de Thalemont, de
aymer les livres et les bonnes lettres ; et sçay que, oultre
les condicions de vraye noblesse et de discipline militaire où monsieur son pere l'avoit songneusement fait
instruyre, estoit grant historien, et composoit treseleg-
gamment en epistres et rondeaux. Il excedoit en grandeur corporelle, pere et mere, et si estoit groz à l'ad-
venant ; et parce que aulcuns de ceulx du nom de La
Tremoille avoyent esté graz, monsieur son pere, pour
y obvier, le mist entre mains de gens fort esveillez, lesquelz l'excitoyent à tous jeux penibles et honnestes,
comme à saulter, gecter la barre, jouer à la paulme,
et à jouxter. Et, combien qu'il aymast le passetemps
des dames quant il estoit en Court, je sçay qu'il a esté
ung des chastes princes qui fut onc et qui plus avoit
en horreur femmes meschantes. A son port et contenance, sembloit estre grave et fier, mais c'estoit une
honneste gravité sans orgueil, plaine de magnanimité
et vuyde de adulation et flaterie ; et n'y avoit prince

don la familiarité de chambre entre ses domesticques
fust plus actractive à l'amer et reverer. Il parloit peu, et
ne vouloit dire parolle perdue et qui ne portast fruict.
Il fut marié jeune avec madame Loyse, fille de monseigneur Charles de Coictivy, comte de Taillebourg,
et de madame Jehanne d'Orleans son espouse, fille
du bon duc Jehan d'Angoulesme, à present reclamé
comme sainct, et seur de monseigneur Charles, pere
du Roy françoys qui à present est; qui fut une grant
et grosse aliance.

CHAPITRE XXI.

*Commant le seigneur de La Tremoille fist son entrée en
son gouvernement de Bourgongne. Des services que
luy et son filz firent au Roy, es guerres contre les
Genevois et Veniciens; de la journée de Ravanne,
et commant les Françoys laisserent la duché de
Milan pour retourner en France.*

Le seigneur de La Tremoille se prepara pour faire
son entrée en la ville de Dijon, capitalle de la duché
de Bourgongne, pour apres aller veoyr et visiter les
aultres villes et places de frontiere; et bien acompaigné
y alla, certain brief temps apres, où il fut honnourablement et à joye, lyesse, et triumphe, receu; et luy fut
faicte, par le chief des citoyens de ladicte ville, l'oraison
ou persuasion telle que verrez, quequessoit de mesme
substance:

Oraison du chief de la ville de Dijon, au seigneur de La Tremoïlle.

« Si en vous n'y avoit que la faveur de fortune qui a tousjours vostre glorieux renom acompaigné, tres redoubtable prince et seigneur, ne se trouveroit nation qui ne se extimast tres eureuse d'estre soubz vostre moderacion gouvernée ; mais voz exaltées vertuz, voz memorables gestes et faicz, vostre magnificence, prudence et doctrine à ce adjouxtées, font que vous estes desiré, loué, et par admiracion regardé de toutes les crestiennes provinces. A ceste consideracion, voyans les choses fatalles si bien quant à nous disposées que le Roy, nostre souverain seigneur, asseuré de vostre loyauté, vous a voulu de ce pays faire gouverneur, empereur et moderateur, qui estes de nostre sang, de nostre terre et de nostre generacion, nous resjouyssons et exaltons, et oultre rendons graces à la souveraine deité et royalle Majesté, de ce benefice, que nous extimons opulent, riche, precieux et favorable, esperans que, par vostre prudente conduicte et hardiesse, nous, noz eglises, parens et biens, serons protegez, deffenduz et gardez de toutes irreligions, sacrileges, injustices, pilleries, forces, violences, concucions, depopulacions, homicides, excés et autres tribulacions qui adviennent souvent par faulte de bon ordre en pays de frontiere comme cestuy ; et que la renommée de voz fortunées victoyres nous servira de murailles, rempars et artillerie pour reprimer les soudains mouvemens des industrieux Flamens, pertinax Hennuyers, cruelz Sequanoys, haulsaires Suysses, excessifz Alemans, et aultres envieux de la frugalité, richesse, et bonté de ceste fertille et habundante terre.

« Aussi que voz progeniteurs portans le nom de La Tremoille, yssuz, nez et nourriz en ce territoire, tousjours ont acquis les merites d'honneur, par le bon traictement qu'ils nous ont pourchassé et quis ; soubz ceste confiance et la vostre mansuetude, tresredoubtable et trespuissant prince et seigneur, mectons entre voz mains nous, noz voluntez, noz choses sacrées, enfans, femmes, familles, facultez, possessions, chevances et toutes noz fortunées choses, à ce qu'il vous plaise nous proteger, deffendre et descharger de toutes injustices, pour lesquelles les royaumes et seigneuries tumbent en ruyne et sont de gent en gent transferées. Et de nostre part, l'Eglise vous soustiendra, la noblesse vous donnera secours, le peuple commun vous obeyra, et tous ensemble par ung accord, nous y employerons corps et biens. »

Response faicte par le seigneur de La Tremoille à ceulx de Dijon.

« Si par multiplicacion de graces je me povoys acquicter envers vous, messieurs de Dijon, de vostre honnourable recueil, exhibicion d'honneur et bienveillance, je m'efforceroys le faire ; mais vous plaira le brief langaige accepter, avec le grant desir que j'ay de vivre avec vous en paix, au proffit du Roy et au vostre, à mon honneur et à l'utilité publicque. Mon vouloyr est droict, mon intencion bonne, et mon espoyr assez grant, reste que je crains ne povoyr obeyr, d'autant que les complexions des gens sont diverses à tous, vous priant benignement excuser les faultes si vous y en trouvez, et me estre aydans à l'execucion de ma charge. Vous entendez assez, messieurs, que la force d'ung roy et d'ung royaulme principallement consiste en l'union des subjectz, en l'obeissance qu'ilz doyvent à leur prince, en leur richesse, en exercice d'armes, et en la municion et fortificacion des villes, citez, chasteaulx et places fortes. Vous avez renom d'estre riches, vous estes louez de l'union que vous avez en l'obeissance royalle, et par les histoyres assez appert de la hardiesse et bon exercice aux armes que les nobles de ce pays ont eu, comme encores ont; reste savoir si voz villes et places sont bien fortiffiées, car c'est la force du royaulme et le mur inaccessible des ennemys que une place munie et garnie d'artillerie, vivres et aultres choses necessaires pour soustenir ung siege, nourrir une garnison et actendre ung secours; qui est la principalle chose où le Roy, nostre souverain seigneur, gecte ses yeulx, preste son esprit et applicque ses biens, dont j'espere plus au long vous parler. »

Il fist son propos court, doubtant ennuyer, et s'en alla, fort bien acompaigné, tant de ses gens que de ceulx du dedans, en ladite ville de Dijon, où il fut tresbien traicté et festié par les seigneurs et dames, entre lesquelz il se savoit au gré de tous entretenir. Quelque temps apres, alla faire son entrée on parlement de Dijon, et en la maison commune des citoyens, où il fist plusieurs belles remonstrances pour le proffit publicque; et se porta si tresbien en ce gouvernement qu'onques il n'y eut reproche; et diray une chose de ce seigneur peu veue en aultres seigneurs de sa qualité, qu'il a tousjours eu le cueur munde et nect du vice d'avarice, et les mains immacullées de dons corruptibles et de presens d'or et d'argent ; car onc n'en prinst pour quelque plaisir qu'il fist, publicque ou privé.

Environ ce temps fut pourveu par le Roy de l'admiraulté de Bretaigne, vacant par le deces du prince d'Oranges, qu'il adjouxta à l'admiraulté de Guyenne qu'il avoit eu par long temps paravant par le trespas de monseigneur Mathieu, bastard de Bourbon ; et, comme admiral susdit, bientost apres feit faire une fort belle navire nommée *Gabrielle,* du nom de son espouse ; depuis en feit encores faire une aultre, qui bien a servy au royaume de France pour la guerre de mer. L'un des gentilz hommes de sa maison, nommé messire Regnaud de Moussy, chevallier hardy, de bon esprit et de grant entreprise, a esté son visadmiral.

En l'an 1507 il alla delà les mons avec le Roy, pour le recouvrement de la ville de Gennes, laquelle s'estoit contre le Roy revoltée, par la faction et conduicte d'un taincturier nommé Paule de Novis, homme de plus-grant cueur que de prudence, qui avoit incité les Genevois à rebellion, et à chasser les François hors de Gennes, dont mal luy prinst ; car Gennes recouverte par les glorieuses armes des François, le Roy present, acompaigné du seigneur de La Tremoille et aultres princes, il feit descapiter ledit Paule de Novis, comme bien avoit merité. Et de Gennes le Roy s'en alla à Milan, non sans le seigneur de La Tremoille qui jamais ne le perdoit de veue. Et ladite année, monseigneur Jehan de La Tremoille, frere dudit seigneur, ainsi qu'il alloit à Rome remercier le Pape qui luy avoit envoié le tiltre et chappeau de cardinal, fut d'une

fievre continue surprins, en la ville de Milan, où il deceda, au grant regret de son frere, et de son nepveu
le prince de Thalemont ; il tenoit en l'Eglise cinquante mille livres de revenu ; car il estoit evesque
de Poictiers et arcevesque d'Aulx ; et si avoit plusieurs
autres groz benefices ; et, combien que sa chasteté, bonté
et science, meritassent telles dignitez, honneurs et
biens, toutesfois ne les avoit euz sans la faveur de son
frere aisné, ledit seigneur de La Tremoille. Son cueur
fut laissé en l'eglise des freres Mineurs de Milan, et
son corps apporté en l'eglise Nostre-Dame de Thouars,
où il gist soubz ung sepulchre de mabre.

Aprés toutes ces choses, fut traicté l'accord de Cambray, par la conduicte de monseigneur Georges d'Ambaise, arcevesque de Rouhan, cardinal et legat en
France, et madame Margarite de Flandres, entre le
pape Julius, Maximilian, roy des Romains, soy disant
empereur, le roy de France, et Ferdinand, roy d'Espaigne, qui fut fort pernicieux pour les François ; car,
soubz umbre d'icelluy, on feit depuis plusieurs grans
tors au Roy de France. Par le moien de ce simullé
accord ou paix fourrée, tous ces princes entreprindrent depuis contraindre les Veniciens à leur rendre
les places et seigneuries par eulx usurpées, dont ilz
furent sommez par le roy de France, chief de ceste
entreprinse, comme y ayant le plus grant interest, à
la raison de ce que les Veniciens usurpoyent Bresse,
Bergomme, Cremonne, et aultres villes et seigneuries
de sa duché de Milan. Et parce que les Veniciens n'y
voulurent entendre, le Roy droissa grosse armée contre eulx, qu'il fist passer delà les monts, et y fut en
personne, non sans le seigneur de La Tremoille, qui

tousjours estoit le premier prest à faire service au Roy, son seigneur et maistre, et au royaulme.

Les Veniciens de l'autre part deliberoyent de actendre le Roy avec belle et grosse armée ; et le dix huictiesme jour de may (¹) l'an 1509, se rencontrerent les deux armées à Agnadel, où y eut grosse et cruelle bataille qui dura quatre heures, et finablement les Veniciens y furent deffaictz, et leurs gens de pié presque tous occis sur le champ. Berthelomy Dalviane, chief et lieutenant general de l'armée venicienne y fut prins prisonnier par le seigneur de Vaudenesse, frere du mareschal de Chabanes. Ledit seigneur de La Tremoille et le prince de Thalemond son filz se y porterent tresbien et y acquirent groz honneur. Par le moyen de ceste victoyre, le roy de France retira sesdictes villes de Bresse, Cremonne, Bergomme, et aultres estans des appartenances de la duché de Milan, et fist rendre à l'Eglise rommaine les villes de Serne, Rommaigne, Imole, Favonce, Forlyne, et autres terres que le pape Julius querelloit ; et au roy des Rommains, Veronne, Patavie (²), Trevise et aultres lieux ; et audit roy d'Espaigne, Beronduse et Tarante.

Certain peu de temps apres, ledit cardinal d'Ambaise, legat en France, qui manyoit le Roy et son royaume en si bonne sorte que le peuple françoys ne fut onc mieulx traicté, alla de vie à trespas ; qui fut groz dommage et perte, car il a semblé à plusieurs personnes de bon esprit que à l'occasion de son deces, le traicté de Cambray fut enfrainct par le pape Julius, par le roy des Rommains et le roy d'Espaigne, parce

---

(¹) *Le dix huictiesme jour de may* : lizez *le 14 mai.* — (²) *Patavie :* Padoue.

que incontinant apres ledit pape Julius fist alliance
avec les Veniciens, et s'efforcea faire perdre au roy de
France sa duché de Milan, par l'intelligence qu'il
avoit avec le roy des Rommains et le roy d'Espaigne,
qui tous faulserent leur foy et serment baillez et faictz
oudit traicté de Cambray, lequel traicté fut pourchassé
au dommaige des Françoys et à ce qu'ilz, assemblez,
fussent deffaiz par les Veniciens, ce que esperoyent lesdictz pape Julius, roys d'Espaigne et des Rommains,
qui advinst au contraire.

Le Roy fut fort troublé de ces entreprinses, et plus
couroussé de l'ingratitude du pape Julius, auquel il
avoit faict tant de services et plaisirs à l'augmentacion
du siege apostolique, et mesmement en la restitucion
de la ville de Boulongne, laquelle il avoit recouverte
contre ceulx de Benetyvolle, et mis entre les mains
dudit pape Julius, et eust voluntiers trouvé les moyens
pour luy monstrer qu'il ne devoit ainsi le traicter : sur-
quoy assembla en la ville de Tours, les evesques,
prelatz, docteurs, et autres gens de bonnes lettres de
son royaulme, pour savoir commant et en quelle sorte,
sans offenser Dieu, il y devroit proceder ; et fut advisé qu'on feroit ung concille (qui fut commancé à
Pise, et depuis transferé à Lyon), mais il n'y eut
aulcune conclusion. Ce pendant les Veniciens, les
Souysses, qui avoyent esté gaignez par ledit pape
Julius, et les Hispaniens faisoyent la guerre au roy
de France, en sa duché de Milan, et, pour remonstrer
ausditz Souysses qu'ilz avoyent mal faict d'avoir laissé
le Roy, qui tant leur avoit faict de biens, et les gaigner,
le Roy envoya vers eulx, jusques en Souysse, ledit
seigneur de La Tremoille, lequel y fut longuement

en dangier de sa personne ; et n'eust esté son humilité, cautelle et prudence, l'eussent retenu pour l'argent qu'ilz demandoyent au Roy pour la prinse
dudit Loys Sforce ; et néantmoins fist tant qu'il gaigna
au Roy certains quentons desditz Souysses, et s'en
retourna en leur grace et amour.

Comme on faisoit toutes ces choses, monsieur Gaston de Fouex (1), duc de Nemoux, qui querelloit le
royaulme de Navarre contre ceulx qui sont descenduz
de la maison d'Alebret, se desroba du Roy, et avec
luy le prince de Thalemont, filz dudit seigneur de
La Tremoille, pour aller à Milan, où le seigneur de
Chaulmont, de la maison d'Ambaise, estoit lieutenant general ; le Roy et ledict seigneur de La Tremoille faignirent estre courroussez de ce que ces deux
jeunes princes s'en estoyent allez sans leur congié, mais
envoyerent apres eulx or, argent, et tout ce qui leur
estoit necessaire ; et quant ilz eurent esté quelque
temps à Milan, ledit prince de Thalemont retourna
en France, et laissa à Milan ledit duc de Nemoux,
qui y fut lieutenant general pour le Roy, apres le
trespas dudict seigneur de Chaulmont.

A son entrée dudit Estat, il prinst la ville de Boulongne, et la mist hors des mains du pape Julius, par
l'advis et oppinion dudit concille : et tost apres les
Souysses vindrent assieger Milan, mais n'y feirent
rien ; semblablement les villes de Bresse et Bergomme
se revolterent pour les Veniciens, et tost apres furent
recouvertes par les Françoys, et la ville de Bresse
pillée, où les Françoys se enrichirent pour les richesses qu'ilz trouverent dedans.

(1) *Gaston de Fouex* : Gaston de Foix, duc de Nemours.

En ce temps, le pays de Italie estoit fort opprimé de guerres et pillé de gensd'armes, tant des Françoys, Souysses, Espaignolz, que Veniciens; et on quaresme de l'an 1512 (1), les armées du Pape, des Souysses et Hispaniens, se joygnirent, querans les moyens de surprendre les Françoys et les chasser de ce pays, mais ledit duc de Nemoux, par l'oppinion et saige conduicte des anciens capitaines de France qui estoyent avec luy, y resistoit tousjours, à la gloire et honneur des Françoys.

Apres plusieurs saillies et rencontres, le jour de Pasques ensuyvant, toutes ces armées se rencontrerent davant Ravanne, où la bataille fut grant, et aussi longue et cruelle qu'on en veit onc, car d'une part et d'aultre la vertu de hardiesse fut si grant, et y eut de si grans proesses faictes, qu'on ne scet à qui bailler l'honneur de la victoyre. Toutesfoiz le camp demoura aux Françoys, non sans grant perte de plusieurs gens de bien, par ung malheur, car, comme ilz fussent demourez les maistres et eussent mis en fuitte les adversaires (qui leur devoit suffire), ledict duc de Nemoux, suyvant sa martialle fureur et se confiant en la riant face de fortune, tout yvre de la doulceur de gloyre par luy en ceste bataille acquise, contre l'oppinion des anciens capitaines et la doctrine de Vegece, qui deffend suyvir une armée desconfite, s'en alla gecter entre ung grant nombre de Souysses qui se retiroyent, où fut suyvy, pour la deffense de sa personne, par plusieurs gens de bien, à leur grant regret non sans cause, car en ceste suyte ledict duc de Nemoux fut occis, et avec luy le sei-

(1) 1512 : lisez 1511.

gneur d'Alegres, le lieutenant du seigneur de Ymbercourt, le capitaine Molart, le capitaine Jacob, et ung
capitaine alemant nommé Phelippes : toutesfoiz ne
demoura pas ung desdictz Souysses, car, incontinant
apres, le reste des Françoys allerent en ordre sur eulx,
et les deffirent en mesme lieu.

Les jeunes capitaines et chiefz de guerre, jaçoit ce
qu'ilz ayent aulcunesfoiz plus de hardiesse que les
anciens, toutesfoiz ne doyvent aulcune chose entreprandre ne executer sans eulx ; et combien que la
vertu de hardiesse soit bien requise en ung chief de
guerre, autant y est requise la science de l'art, et
seroit bon que ung lieutenant general eust ces deux
qualitez. Cicero prefere la science de l'art à la vertu ;
neantmoins semble que la vertu soit plus requise,
parce que avec icelle, par bon conseil, l'on peult plus
faire que par la science sans la vertu, comme nous
tesmoygnent les nobles faictz de Alexandre le Grant,
Hanibal et Scipion, qui tous troys furent chiefz de
guerre en leur jeune aage : car jaçoit ce que au moyen
de leur jeunesse ne peussent avoir science et experience suffisans de l'art militaire, et aussi des cautelles
et ruzes de guerre, neantmoins, par leur vertu et
hardiesse conduictes par le conseil des experimentez,
feirent des choses plus grans que plusieurs aultres
anciens qui ont eu seulement la science de l'art.
Et autant en pourrois-je dire dudit seigneur de La
Tremoille, qui tousjours a conduit sa hardiesse par
louable conseil et non par son seul sens.

Après la bataille gaignée par les François, prindrent la ville de Ravanne, et la pillerent, mais tant perdirent de gens de bien à ceste bataille, et en si groz

nombre., qu'ilz se treuverent feubles pour resister
aux continuelz assaulx que leur faisoient les Souysses,
Italiens, et aultres soustenans le party de Maximilian,
filz de feu Loys Sforce qui estoit mort prisonnier;
en sorte qu'ilz furent contrainctz laisser la ville de
Milan, et retourner en France, à la grant mutacion des choses fortunées du roy Loys XII, lequel, dés
l'entrée de son regne, avoit tousjours prosperé en ses
entreprinses, et autant eu de nobles victoires, en Italie
que aucun de ses predecesseurs, car l'espace de douze
ans n'entreprinst chose ne aultre pour luy dont il
n'eust l'honneur et la gloire; mais soudain fortune
changea sa bien veillance, et par la disposition divine
les aultres roys ses voisins furent contre luy, à l'exhortacion du pape Julius qui dispensa, contre raison, le
roy des Rommains et le roy d'Espaigne des juremens
et seremens qu'ilz avoient faiz à Cambray, dont il
envoia ung brief audit roy d'Espaigne, ainsi que recite l'aucteur de la Cronique de Flandres.

CHAPITRE XXII.

*Commant, par faulte d'avoir obey au seigneur de La
Tremoille, lieutenant general du roy Louis XII,
l'armée des Françoys fut rompue davant Novarre.*

Tout ce non obstant, le roy Loys, fort affectionné
au recouvrement de sa duché de Milan, delibera y
envoier grosse armée, pour laquelle droisser feit
assembler son conseil, qui fut d'oppinion qu'on diffe-

rast ce voiage jusques à ung autre temps, à la raison
de ce que le pape Julius droissoit contre luy grosses
menées avec Flamens, Hennuyers, Brebançons, Angloys, Hispaniens, et Souysses, et que jà le roy d'Espaigne avoit mis sus une armée pour aller on royaulme
de Navarre, par le moyen dequoy le Roy avoit assez
affaire pour la deffense de luy et son royaulme, sans
aller guerroyer au loing : mais le Roy qui se sentoit
fort injurié des laschetez de ses confederez par ledict
traicté de Cambray, ne peult estre destourné qu'il
n'envoyast une armée à Milan, de laquelle il fist
chief ledit seigneur de La Tremoille, qui n'ousa le reffuser, combien qu'il congneust la charge estre dangereuse pour les causes susdites. Et fut son armée de
cinq cens hommes d'armes et six mil hommes de pié
prestz à marcher, apres lesquelz le Roy promist envoyer aultres cinq cens hommes d'armes, quatre mil
lancequenetz, et aultres gens de pié de France; soubz
laquelle confiance ledict seigneur de La Tremoille,
lieutenant general du Roy, acompaigné du duc d'Albanye, du seigneur Jehan Jaques, Italien, du seigneur de Bussi, du marquis de Saluces, monsieur
René d'Anjou, seigneur de Mezieres, son nepveu,
et aultres gros personnages, passerent les monts, prindrent Alexandrie, Vissures et Pavye, et commançoit
Milan à parlementer pour se rendre.

Ledict seigneur de La Tremoille fut adverty du
grant nombre des Souysses et aultres gens qui estoyent
venuz au secours dudict Maximilian, lequel estoit dedans Navarre : au moyen dequoy rescripvit au Roy
qu'il envoyast le nombre des gens de cheval et de
pié qu'il avoit promis ; ce que le Roy ne peult

faire, à la raison de ce que son royaulme estoit assailly
en la Picardie, par les Angloys, Hennuyers et Flamans, et en Aequitaine, par les Hispaniens, qui avoyent
jà prins Pampelune, principalle ville du royaulme de
Navarre ; et manda audict seigneur de La Tremoille
que avec le petit nombre de gens qu'il avoit, avantu-
rast et mist en azard son entreprinse : ce qu'il differa
faire, par le conseil de ceulx qui avec luy estoyent, jusques à triple commandement et injunction par lettres
du Roy escriptes de sa main, dont furent fort troublez.

Finablement, pour obeyr au commandement du
Roy, ledict seigneur de La Tremoille et aultres capitaines estans avec luy feirent marcher l'armée vers
Novarre, prindrent le boulevert, et furent prestz à donner l'assault ; mais, advertiz que ledict Maximilian, filz
de Ludovic Sforce, estoit on chasteau de Novarre,
acompaigné de dix mil Souysses estans dedans la ville,
et que aultres dix mil Souysses venoyent à leur secours, deliberez passer par le chemin de Tracas, tindrent tous ensemble conseil, vers le soyr, et adviserent
que le mieux seroit aller au-davant des dix mil
Souysses qu'on actendoit, et camper audit lieu de
Tracas pour les combatre, parce que c'estoit une
plaine propice pour les Françoys, dont là pluspart
estoyent gens de cheval, et fort aysée pour le combat
à cheval. En ensuyvant ceste oppinion, le mareschal
des logeis du camp alla davant pour marquer les logeis,
mais, à l'appetit du seigneur Jehan Jaques, marquis de
Vigent (¹), qui est prés dudict lieu de Tracas, lequel voulut espargner ses hommes et subjectz, le mareschal

---

(¹) *Jehan Jaques, marquis de Vigent* ou *Vigeslano* : il s'agit de
Trivulce, qui avoit des propriétés considérables prés de Novarre.

logea l'armée, et droissa le camp à moictié chemin, en ung lieu fort estroict et mal aysé pour gens de cheval, et tres avantageux pour les Souysses qui estoyent à pié, au desceu dudit seigneur de La Tremoille, qui estoit crime capital si discipline militaire eust esté bien gardée.

Ledict seigneur de La Tremoille demoura davant Novarre toute la nuyt, avec troys cens hommes d'armes, troys mil hommes de pié, et six pieces d'artillerie, pour repousser les dix mil Souysses qui estoyent dedans la ville, s'ilz sortoyent. Le lendemain prinst son chemin, avec ses gens et artillerie, pour aller à Tracas; mais, à moyctié chemin, qui estoit de deux lieues ou environ, trouva son camp droissé, dont il fut fort esbay et tresmal contant, parce que le lieu estoit estroict et propre pour les Souysses estans à pié, et contraire à gens de cheval, qui veullent le large : et, pour desloger et s'en aller à Tracas, assembla les capitaines et leur dist ce :

« La conclusion du conseil hier par nous tenu,
« messieurs, davant Novarre, fut que, pour rencon-
« trer les dix mille Souysses venans au secours de
« ceulx de Novarre, et les empescher de se joindre
« avec eulx, irions loger à Tracas (¹); et neantmoins
« le mareschal des logeis, de son auctorité sans mon
« congé, a logé le camp à son plaisir, à nostre grant
« desavantaige, et au desir de noz adversaires, si veul-
« lent venir sur nous, ou pour passer sans estre par
« nous veuz, et se rendre à Novarre avec leurs com-
« paignons, puis tous ensemble venir donner sur nous
« et nostre petite compaignée; parquoy me semble,
« sauf vostre meilleur advis, que devons marcher jus-

(¹) *Tracas* : Treca, ou Trecato, bourgade située à cinq milles de Novarre.

« ques à Tracas, et desloger de ce lieu contraire à
« nostre vertu, et que celluy qui a faict le logeis
« soit pugny comme transgresseur de l'edict du chief
« de l'armée, et violateur de la loy militaire : car
« aultrement le faire seroit donner permission à
« chascun de faire à son plaisir et appetit, par le
« moyen dequoy tumberions subit en desarroy et de-
« sordre, à nostre deshonneur.

« Vous entendez tresbien, messieurs, qu'il y a des
« heures que le meilleur est de reculler le combatre,
« et des aultres, que l'assaillir est urgent et necessaire.
« Jules Cesar nous en laissa l'experience, lors que luy,
« adverty de la grant assemblée de gens que faisoyent
« ceulx des Gaules, n'actendant la perfection de leur
« armée, ne aussi qu'ilz eussent ordre mis en leurs
« affaires, mais se avanceant, vinst sur eulx et rompit
« leur entreprinse. Luy mesme, saichant que les
« Souysses vouloyent entrer en nostre pays de Gaule,
« par force et contre son vouloyr; et, prenans leurs
« chemins par Savoye en la haulte Bourgongne, es-
« toyent jà sur la riviere de Saonne, actendit qu'ilz
« eussent faict pont sur ladicte riviere, et que une par-
« tie d'eulx eut passé; et, lors qu'il veit leur armée di-
« visée par la riviere qui estoit entre deux, fist mar-
« cher son armée estant à Bresse, avec grant diligence
« par nuyt, et vinst donner sur le reste desdictz
« Souysses qui estoyent au delà de ladicte riviere,
« dont il fist si grant tuerie, que nul ou peu en de-
« moura en vie; et vous asseure, messieurs, que, si
« nous laissons assembler les deux bandes des Souysses,
« que à peine les pourrons deffaire, veu que le lieu où
« sommes est à nostre desavantaige. »

Aucuns desdictz seigneurs et capitaines furent de l'advis dudit seigneur de La Tremoille, lieutenant general ; mais ledict seigneur Jehan Jaques y contredist, disant qu'il n'estoit à conjecturer que les Souysses les vinssent assaillir, et ne sauroyent passer sans estre veuz de ce lieu ; aussi que, s'ilz alloyent camper à Tracas, destruyroient tout le pays, parce que c'estoit une plaine couverte de bledz et riche de pretz, qui donneroit occasion aux villains dudit pays de se revolter contre eulx, et ne leur vouldroyent bailler aulcuns vivres ; et davantage que les chevaulx de l'artillerie et du bagage estoyent allez en fourage. Pour lesquelles causes ledict seigneur de La Tremoille ne peut estre le maistre pour ceste foiz, à la grant perte des Françoys, comme nous verrons.

Or donc, congneu par le seigneur de La Tremoille que force estoit demourer en ce lieu, et que la nuyt approchant empeschoit le desloger, mist ordre en son camp, et fut l'armée droissée, de laquelle il menoit l'avantgarde, le seigneur Jehan Jaques la bataille, et le seigneur de Bussy l'arrieregarde. Les dix mil Souysses furent diligens, et ne faillirent à passer par Tracas, et eulx rendre à Novarre, où ilz entrerent à dix heures de nuyt, et y demourerent pour boire, et eulx refraichir, jusques environ minuyt, que eulx et les aultres dix mil Souysses partirent bien acoustrez, et se mirent en trois hotz ou bandes ; l'une bande estoit de dix mil, et chescune des aultres deux, de cinq mil, qui estoit en tout vingt mil. Ilz arriverent au camp des François au poinct du jour, où la bande des dix mil Souysses vinst donner sur l'avant garde que conduisoit ledict seigneur de La Tremoille ; l'effort fut

grant et avantageux pour les François; car l'avantgarde
deffit six ou sept mil Souysses de ladicte bande, en
sorte que les François cuïdoient avoir gaigné la bataille;
mais les aultres deux bandes desdictz Souysses (chescune desquelles estoit de cinq mil) se gecterent sur
l'artillerie, et la gaignerent; parquoy la bataille qui
estoit presque toute de Italiens, et aussi l'arrieregarde,
eulx retirerent sans coup frapper; et si tous se fussent
aussi bien acquictez que ledict seigneur de La Tremoille et ceulx de l'avantgarde qu'il conduisoit, l'honneur en fust aux François demouré, combien qu'ilz
ne perdirent que cinquante hommes d'armes, dont en
y avoit trente de la compaignée dudict seigneur de
La Tremoille, et douze cens advanturiers, tant Alemans
que François : et desdictz Souysses furent occis huyt
mil et plus; neantmoins ceulx qui demourerent furent
les maistres; onc homme ne fut plus courroussé que
ledict seigneur de La Tremoille, parce qu'il estoit chief
de ceste armée deffaicte; et s'en retourna en France
blecé en aulcuns lieux, non sans grosse perte, car la
pluspart du bagage fut perdu pour les François; le
Roy, sçachant la verité du fait, fut fort desplaisant;
mais n'en donna le blame audict seigneur de La Tremoille, sachant l'inconvenient estre advenu pour ne
l'avoir voulu croire.

CHAPITRE XXIII.

Commant le roy Loys XII envoia le seigneur de La
Tremoille, son lieutenant general, en Normandie,
pour la fortification du pays contre les Anglois,
et de l'oraison qu'il feist aux gens du pays.

INCONTINANT apres ceste perte, le roy Loys fut
assailly en son royaulme par ses ennemys; et, doubtant que les Anglois descendissent par la Normandie,
y envoya ledict seigneur de La Tremoille, son lieutenant general, pour fortiffier les villes et persuader
le peuple à la defense de leur pays; laquelle charge
ledict seigneur executa tresbien, et premierement se
transporta en la ville de Rouhen, où les principaulx
de ladicte ville, et aussi de tout le pays, furent assemblez; et leur feit iceluy seigneur telle ou semblable
oraison ou persuasion :

« Assez vous est congneu, messieurs de Normandie,
« le bon vouloir du Roy, nostre souverain seigneur,
« tant envers vous que les aultres provinces de son
« royaume, et combien prudemment ses grans affaires
« ont esté jusques cy conduictz au soulagement de tout
« le peuple, sans exaction, pillerie, ne molestes de
« nouveaux subsides, gensd'armes ne aultres fatigues,
« qui souvent adviennent soubz umbre des guerres,
« au grant regret de chescun, et non sans murmure
« tollerées; et que, de puis le roy Charles VII, les tailles
» n'ont esté plus basses qu'elles ont esté durant ce

« regne, aumoien que le Roy ait tousjours eu guerre
« hors le royaume, non sans contraincte, mais pour
« recouvrer la duché de Milan, qui est son dommaine
« ancien, à luy par juste tiltre appartenent à cause
« de son ayeulle madame Valentine. Et apres que,
« par le divin secours et la prohesse de nobles hommes,
« et aultres gens bellicqueux et marciaulx de son
« royaume, il a eu recouvert ce qui de droit luy ap-
« partenoit, et oultre par ses haulx faictz d'armes
« contrainct les Veniciens rendre à l'Eglise rommaine,
« à Maximilian, soy disant empereur, et au roy d'Es-
« paigne, les villes que sur eux ilz usurpoient, voire
« et davantage mis entre les mains du pape Julius la
« cité de Boulongne, autresfois donnée au sainct Siege
« apostolicque par le roy Pepin, pere de Charle-
« maigne, empereur, roy de France, ce Julius, ou-
« blieux de toutes ces gratitudes, a laissé la mansuetude
« et humilité de l'aigneau, et prins l'orgueuil, arro-
« gance et ambicion du lion, pour devorer, si possible
« luy estoit, celuy qui l'a preservé du devorement
« des ravissans loups; et, pour ce faire, a excité pres-
« que tous les princes crestiens aux armes, et mis au
« chemin de tyrannie, combien que, comme vicaire
« du chief de l'Eglise, les en devroit revocquer.

« Le roy d'Espaigne, soubz umbre d'ung faulx tiltre
« qu'il pretend on royaume de Navarre, veult usurper
« Acquitaine, les Suysses la Bourgongne, le pape
« Julius, Italie, et les Anglois le pays de Normandie,
« Picardie et Paris. Les Acquitaniens dient qu'ilz se
« defendront, les Bourgongnons en ont bon vou-
« loir, les Picars ne demandent que les armes; ne
« reste plus que à faire vostre vouloir, qui excedez,

« comme tesmoignent les histoires, toutes les aultres
« nations, en hault vouloir, bon cueur et execution.
« Vous savez, messieurs, combien d'ennuys, pertes et
« dommages les Anglois ont, le temps passé, faiz à ce
« pays, destruict eglises, ruyné villes, bruslé maisons,
« viollé filles et femmes, et mis à sac bourgs et villages;
« vous congnoissez par le rapport de voz peres les meurs
« de ce peuple, leur orgueil, leur cruaulté, leurs des-
« loyautez, leur petite foy. Leur entrée est cruelle,
« le frequenter avec eulx plain de suspecton, et leur
« yssue accompaignée de desolacion: et à ceste raison
« n'en devez la compaignie desirer, aussi le Roy pense
« que vous n'en voulez en façon quelconque; mais,
« parce que par mer pourroyent vous prendre au des-
« pourveu et endommager voz pays, le Roy m'envoye
« vous advertir de leur entreprise, et à ce que mectez
« ce pays en ordre de deffense, enquoy il veult vous
« donner secours. Autresfoiz vostre duc Guillaume,
« surnommé *le Bastard,* yssu de vostre sang, con-
« quist le royaume d'Angleterre ; parquoy semble
« bien au Roy que vous seulz deffenderez non seulle-
« ment vostre païs, mais les aultres limitrophes, du
« dangier des Angloys. Et, pour ce faire, il convient
« en premier lieu mectre voz villes de frontiere en
« estat de deffense, tant par rempars, artillerie, que
« aultres fortiffications, les avitailler et garnir de gens
« expers au feu et aux armes, puis ordonner gens de
« guerre, tant sur mer que sur terre, pour rompre
« leur entrée.

« Messieurs, je vous prie que des yeulx de l'esprit
« regardez le bon vouloyr du Roy, le bon traictement
« qu'il vous a faict, sa deliberacion juste et saincte,

« et la maulvaise querelle et desloyauté de ses enne-
« mys, et vous mesmes jugerez que Dieu sera pour luy
« et pour ceulx qui le serviront. Considerez d'une
« aultre part que ce n'est rien ou peu de chose de la
« puissance des Angloys, et qu'ilz ne vindrent onc
« faire guerre en France, fors au temps qu'ilz y ont
« veu discord civil et question intestine, ou que le
« royaulme ait esté d'autres guerres molesté. Le roy
« Phelippes Auguste les en chassa; et, parce que de-
« puis les roys et princes de France furent en con-
« corde, n'y ouserent retourner pour faire guerre,
« jusques au temps du regne de Phelippes de Va-
« loys, que les Angloys entrerent en France par le
« moyen des Flamans et par la conduycte d'ung
« banny de France, nommé Robert d'Artoys; du
« temps du roy Jehan y entrerent par le moyen du
« roy de Navarre; et, depuis, son filz Charles V les
« en mist hors; mais ils y retournerent, sur la fin
« du regne du roy Charles VI, par le moyen de
« Phelippes, duc de Bourgongne, et en furent chassez
« par son moyen, mesme durant le regne de Char-
« les VII; et à la requeste de Charles, aussi duc de
« Bourgongne, filz dudict Phelippes, entrerent de
« rechief en France, durant le regne du roy Loys XI;
« mais retournerent sans coup frapper, lors qu'ilz con-
« gneurent fortune avoir tourné le doz audit Charles,
« duc de Bourgongne.

« Autant en voulurent faire au commancement du
« regne de Charles VIII, contre le vouloyr de leur
« roy Henry, qui se sentoit tresobligé et tenu au
« roy Charles, parce qu'il avoit esté le moyen dont
« il estoit à la couronne d'Angleterre parvenu.

« Les Angloys sont si rebelles et mal obeissans,
« que depuis le regne de vostre duc Guillaume le
« Bastard, jusques à celluy de Henry VIII, à present
« regnant en Angleterre, ont occis ou exillé pres-
« que la moyctié de leurs roys, qui sont dix neuf en
« nombre, voyre tousjours de deux ung. Or pensez
« donc commant ilz pourroyent estre fidelles aux na-
« tions extranges, quant de leurs propres roys et
« princes eulx mesmes sont destructeurs et parri-
« cides.

« Vous ou voz peres avez peu veoir Henry VI de
« ce nom, de la lignée de Lanclastre, posseder par lon-
« gues années le royaume de France, et se intituller
« roy de France et d'Angleterre, et le malheureux
« homme mourut es prisons de ses subjectz, sans ceptre
« et couronne, par la cruaulté de Edouard IV, usur-
« pateur du royaume d'Angleterre, qui estoit chief
« de la maison de Dyort. Le pere dudict Henry,
« aussi nommé Henry V, avoit semblablement usurpé
« le royaulme d'Angleterre, sur Richart, qu'il fist
« semblablement mourir en ses prisons. Vous avez
« peu veoir le comte de Varvic, principal gouverneur
« dudict Edouard IV, qui a fait mourir les ducz de Som-
« bresset, et persecuté son roy et maistre Edouard IV;
« et contre luy voulut mectre sus le reste de ladicte
« lignée de Lanclastre, où il fut occis et ses freres
« et parens avec luy. Ignorez vous commant le frere
« de Edouard IV, voulant usurper le royaulme d'An-
« gleterre sur ses nepveux, les feist mourir, et se
« feist couronner roy, dont Henry VII, pere du roy
« qui à present est, le priva? Je vous dirois bien
« aultres exemples d'autres roys leurs predecesseurs,

« mais la memoyre en est plus execrable que prof-
« fitable, et par ce m'en taiz. Et vous prie et admo-
« neste, messieurs, de par le Roy nostre souverain
« seigneur, que perseverez en voustre acoustumée
« loyaulté et obeissance, que esperance conduise voz
« euvres, deffendez vostre liberté, gardez vostre pays,
« entretenez en seureté voz eglises, voz maisons, voz
« biens et facultez, et empeschez que vous et voz
« femmes et enfans ne soyez opprimez, viollez et per-
« duz ; à quoy la gloire et emulacion ne vous doyvent
« seulement induire, mais aussi la necessité, peril et
« danger où vous et tout le royaume povez tumber. »

Le seigneur de La Tremoille usa de ces remonstrances ou aultres semblables envers les seigneurs et
peuple de Normandie, dont ilz furent trescontans,
remercierent le Roy et ledit seigneur du bon vouloir
qu'il avoit à eulx et leur pays, et declairerent qu'ilz
estoient prestz de promptement obeir au Roy et audit seigneur, et de faire ce qu'il leur plairoit commander, sans y espargner corps ne biens pour la tui-
tion et deffense, non seulement d'eulx et le pays de
Normandie, mais du Roy et de tout le reste de son
royaume, et depputerent aucuns dudit pays pour
aller avec ledit seigneur fortiffier les places, ports de
mer et aultres lieux dangereux, où ledit seigneur se
porta si bien pour le proffit de la chose publicque, en
supportant le commun populaire, que, apres avoir le
tout mis en bon ordre, les villes du pays luy feirent
presenter plusieurs beaux et riches dons, qu'il ne voulut
prendre ne accepter, disant que la plusgrant richesse
qu'il desiroit en ce monde estoit la grace de Dieu et
du Roy son maistre et seigneur, et la bienveuillance du

peuple, et que d'aultres biens avoit assez : car, à
la verité, il avoit, à cause de ses predecesseurs, trente
mil livres de rente, comme je sçay pour en avoir veu
les comptes.

CHAPITRE XXIV.

*Commant, sans aulcune perte de gens, le seigneur de
La Tremoille delivra le pays de Bourgongne et
toute la France de la fureur des Souysses et En-
nuyers, et aultres ennemys du royaulme. Mort de
Louis XII.*

Apres le bon ordre mis on pays de Normandie par
le seigneur de La Tremoille, et qu'il eut esté par devers le Roy luy en faire le rapport, et du bon et grant
vouloyr des gens dudict pays, dont le Roy fut tresjoyeux, alla en diligence en son gouvernement de
Bourgongne, parce que nouvelles estoyent que les
Souysses y vouloyent descendre, saichans le Roy et
ses gensd'armes estre fort occupez à garder Guyenne,
où vouloyent venir les Hispaniens, Bretaigne où cous-
toioyent aulcunes navires d'Angleterre, et le pays de
Picardie dont approchoyent les Angloys, au davant
desquelz le Roy alla en sa personne avec grosse armée.
Et comme le Roy estoit en la Picardie, les Souysses et
Bourgongnons de la Franche Comté descendirent en
bon ordre en la duché de Bourgongne, que Maximilian roy des Rommains querelloit, et allerent assieger
la ville de Dijon.

Ledict seigneur de La Tremoille et ceulx du dedans avoyent faict faire rampars et autres fortiffications, mais non assez fortes pour longuement soustenir ledict siege, et resister à si grosse puissance; à
ceste cause, ceulx de la ville furent fort esbahiz et en
merveilleuse crainte, congnoissans que ceulx qui les
tenoyent assiegez estoyent gens affamez, non voulans
conquerir terres, mais seullement piller leur ville et
tout le pays, et pour ceste consideracion portoyent
les visaiges timides et tristes, demonstrans la def-
faillance de leur vertu; qui donnoit esbaissance audict seigneur de La Tremoille et aultres gens de
guerre estans avec luy, avec trois autres consideracions, l'une qu'il congnoissoit la prosperité du Roy
estre tournée en maleur et infortune, l'autre que le
roy de France estoit en son royaume assailly de toutes
pars, et l'autre que la hardiesse des François estoit
tant abastardie, et leurs cueurs tant amolliz de crainte
et pusillanimité, par divin jugement (comme il conjecturoit), que tout estoit mis en desespoir, et toutes
les villes capitalles de France ne actendoient que
leur perdicion et ruyne.

Or luy, estant en ceste perplexité, par l'opinion du
conseil qu'il assembla, fist troys choses : la premiere,
qu'il envoya vers le Roy pour l'advertyr dudict affaire,
et à ce qu'il luy pleust envoyer secours; l'autre, qu'il
envoya vers les ennemys pour, soubz umbre d'accord,
savoir l'estat de leur camp et siege, et leur deliberacion, et aussi pour les amuser en actendant nouvelles
du Roy; et l'autre, qu'il fist assembler les citoyens pour
les encourager à leur deffense et de leur ville; en sorte
que les ennemys ne peussent congnoistre la feublesse

de leurs cueurs et le rabaissement de leur vertu; et
pour à ce les induyre leur dist ainsi :

Persuasions du seigneur de La Tremoïlle à ceulx de Dijon.

« La plusgrant fortiffication d'une ville et cité,
« messieurs, c'est la vertu des citoyens et de ceulx
« qui sont en icelle, par laquelle vertu conduysent leur
« hardisse par prudence, et leur prudence par har-
« diesse, soubz louable constance, en resistant aux
« assaulx, et consumant par dissimulacions et ruzes
« les assaillans. Vostre ville est petite, bien fermée,
« persée et artillée, et avons vivres assez pour long-
« temps; reste que nous ayons les courages plus grans
« que noz adversaires. Il me semble, messieurs, que aul-
« cuns s'esbayssent, et, par craincte, perdent la vigueur
« et force de leur vertu, comme si tout le royaulme
« de France estoit en azart de finalle ruyne; mais c'est
« par pusilanimité et faulte d'entendre les choses telles
« quelles sont. Considerons en premier lieu l'injuste
« querelle de noz ennemys, le bon droict du Roy
« nostre maistre, le gracieulx traictement de tout son
« peuple, sa force, sa puissance, sa vertu et sa ri-
« chesse; gectons apres nostre esprit à l'entreprinse
« des Souysses, leurs complexions, leur forme de ba-
« tailler et leurs inumanité, cruaulté et oultrecui-
« dance. La premiere consideracion engendre ung es-
« poir de divin secours, et une volunté de servir son
« prince qui ne nous laissera sans secours; la seconde,
« ung courage de ne tumber entre les mains des

« Souysses, noz ennemys mortelz, par contraincte ou de-
« dicion, la condicion desquelz est si odieuse et per-
« nicieuse qu'on ne sçait si plus sont avares que cruelz,
« ne plus libidineux que insatiables de sang humain.
« Les lasches se rendent à leur perpetuel reproche, et
« les gens de cueur et de vertu acquierent repos et
« honneur en mourant par glayve; et de ma part je ne
« vouldroys vivre par le benefice de mes ennemys,
« mais plustost vouldroys mourir en leur faisant dom-
« maige. Qui est celluy d'entre vous qui pour vivre si
« peu de années en ce monde, ne aymast mieulx hon-
« nestement mourir que obnoxieusement et au re-
« proche de chascun vivre? Si nous mourons en nous
« deffendant, nous vivrons par glorieuse renommée
« eternellement, et ne perdrons fors ce que nous ne
« povons emporter avec nous, qui sont les biens; et si
« vous presumez vivre en vous rendant laschement
« à leur mercy, leur cruaulté ne pourra souffrir
« vostre vivre; et apres que aurez veu prophaner voz
« eglises et monasteres, brusler voz maisons, prendre
« voz biens, forcer voz femmes et filles, et ruyner
« vostre ville, ilz vous occiront comme bestes, au grant
« deshonneur de toute vostre posterité. Prenez donc
« courage, messieurs, contredemandez la mort par
« vertu, pour perpetuellement vivre et ne mourir sans
« vangeance. J'ay envoyé vers le Roy, et bientost au-
« rons de ses nouvelles. »

Aulcuns des citoyens à ces remonstrances changerent leur craincte en hardisse, et delibererent mourir
pour la deffense de leur ville; mais la pluspart des
aultres demourerent en leurs moulz vouloyrs, desquelz ledict seigneur de la Tremoille ne peult avoir

bonne responce, qui luy donna maulvays espoir de bonne execution.

Le jour que ledict seigneur avoit assemblé ceulx de Dijon pour leur faire les remonstrances que avons cy dessus veues, ou aultres semblables, il envoya on camp des Souysses l'ung des gentilz hommes de sa maison, nommé Regnaud de Moussy, chevallier, son visadmiral, pour, soubz umbre de traicter paix avec eulx, sçavoir l'ordre de leur siege, le nombre de leurs gensd'armes, leurs municions, et s'ilz avoyent assez vivres et aultres choses necessaires à ung camp et siege.

Ledict de Moussy le sceut tres bien faire, et, de par ledict seigneur de La Tremoille, parlementa avec dix ou douze des principaulx de l'armée des Souysses, lesquelz il trouva fort arrogans et superbes, et non craignans la force de ceulx de Dijon. Pour leur donner craincte, monstrerent audit de Moussy leurs vivres, municions et artillerie, et sceut avec aulcuns (qui avoyent contracté secrete amytié avec ledict seigneur de La Tremoille, on voyage par luy faict en leur pays de Souysse) la deliberacion desdictz Souysses et de leurs alliez, qui estoyent Hennuyers et Bourgongnons de la Franche Comté; et pour toute response dyrent audict de Moussy que si ledict seigneur de La Tremoille vouloyt aller vers eulx pour traicter paix, que voluntiers luy donneroyent audience, et, luy ouy, penseroyent en leur affaire; ce que ledict de Moussy rapporta audict seigneur de La Tremoille, et luy asseura que l'armée des ennemys estoit de soixante mille combatans, tant à pié que à cheval, et avoyent plus de cent pieces d'artillerie, et quatre ou cinq charroys de pouldres, et vivres assez; mesmement de chairs sallées et seiches

qu'ilz mectoyent en pouldres, dont faisoyent pulmens
et potaiges fort nourrissans; et si avoyent les rezins
par les vignes, qu'ilz mangeoyent; et davantaige avoit
sceu, par aulcuns de ses amys, que leur deliberacion
estoit (apres Dijon prins) envoyer seize mille de leurs
gens courir davant Paris, pour y entrer et piller la ville,
et que s'ilz trouvoyent resistence, pilleroyent tout le
pays d'environ, et se renderoyent à une aultre bande
de douze mille hommes qu'ilz voulloyent envoyer en
Borbonnensy.

Ledict seigneur de La Tremoille envoya de rechief en
poste par devers le Roy, pour l'advertyr de tout cecy, et
à ce qu'il envoyast secours : à quoy le Roy ne fist aultre
response audict seigneur de La Tremoille, fors qu'il ne
povoyt luy envoyer secours, et qu'il fist ce qu'il pourroit
pour le prouffit et utilité de luy et du royaulme. Les
Souysses baptoyent jour et nuyt ladicte ville de Dijon,
et desjà l'avoyent fort endommagée et gastée; et voyant
ledict seigneur ne la povoyr longuement tenir, et que,
si elle estoit prinse, tout le royaulme de France seroit
en grant dangier de ruyne, assembla le conseil et leur
declaira tout ce que avons veu cy dessus, et aussi
qu'il ne pouvoyt pour lors avoir secours du Roy, pour
les grans affaires qu'il avoit en la Picardie. La conclusion du conseil fut que ledict seigneur de La Tremoille
s'en yroit vers les ennemys, à ce que, moyennant quelque somme de deniers pour le deffray de leur armée,
on les peust renvoyer en leur pays, sans aultre desplaisir ne dommaige faire; laquelle chose on leur fist
sçavoir; et, leur saufconduyt receu, ledict seigneur
de La Tremoille, sans armes et petitement acompaigné, selon la forme dudict saufconduyt, alla vers

eulx, auquel, par ung de leur compaignée parlant bon
françoys, feirent ainsi parler pour tous :

*Oraison et persuasion des Souysses au seigneur de La
Tremoille, gouverneur de Bourgongne.*

« Si Dieu tout puissant et insuperable eust voulu,
« fidele et prudent gouverneur de Bourgongne, la
« puissance de ton Roy estre à l'immense cupidité de
« son vouloyr semblable, l'Orient et l'Occident ne luy
« suffiroyent, et ne pourroit trouver en ce monde lieu
« pour l'arrest et repos de sa trop desirée glóyre ; et
« sembloit, à veoyr ses entreprinses passées, que si tout
« humain lignaige luy eust obey, eust neantmoins
« entreprins guerre contre les fourestz, fleuves, bestes
« et le reste des creatures. Ignore il que les grans et
« haultz arbres, qui par si long temps ont prins leur
« croissance, ne puissent en une heure, par ung in-
« convenient de vent et tempeste, ou pour l'affaire des
« hommes, estre couppez à la riz et mis au bas, et que
« le lyon est souvent mangé par les petiz oyseaulx, et
« le fer consumé par la rouille ? Ton Roy ne s'est con-
« tanté d'avoir retiré Milan, ne soubmis à luy Gennes,
« mais a guerroyé les Veniciens, injurié le Pape, prins
« querelle au roy d'Espaigne, et retient contre raison
« ceste duché et le pays de Borbonneuse, aux enfans
« de l'empereur Maximilian appartenans : et qui plus
« est, apres avoir eu fait toutes ces choses, plus par nostre
« secours que par la force des Françoys, sans en avoir
« esté recompensez, par ingratitude en lieu de satis-
« faire, nous appelle villains. Sçait il point qu'on doit
« mieulx regarder à la vertu de l'homme que à sa no-

« blesse, et que, la premiere origine des hommes re-
« gardée, nature est commune mere de tous? Les sages
« plus estiment la noblesse acquise par vertu que par
« lignaige, parce que c'est la sourse et origine de no-
« blesse; mais au contraire desprisent ceulx qui, par
« lascheté, paresse et aultres vices, en perdent les me-
« rites et louanges. Sont pas meilleurs à la chose
« publique ceulx qui, pour y servir, endurent volun-
« tiers froit, chault, fain, soif, et se exposent à peril
« de mort, que ceulx qui, soubz umbre de noblesse,
« sont tousjours enveloppez de leurs privées ayses? Si
« les Françoys eussent leurs delices oubliées, et prins
« exemple à noz labeurs, n'eussent aux extrangiers
« donné la gloyre de leurs victoyres.

« Tout cecy te disons, chevalier illustre, à ce que
« ton Roy ne toy ne pensez que soyons icy sans cause
« et sans querelle. Nous demandons au Roy la soulte
« de ceulx qui furent es batailles de la prinse de Lu-
« dovic Sforce, de Gennes et des Veniciens, et oultre
« qu'il aye à rendre aux enfans dudict Ludovic Sforce,
« ladicte duché de Milan, et aux enfans de l'Empereur,
« ceste duché de Bourgongne et le pays de Borbon-
« nesy, qui leur appartiennent. Et si le Roy dict le con-
« traire, qu'il mecte ses querelles entre noz mains,
« pour en decider, et en garder le droict à celluy au-
« quel congnoistrons justement appartenir. »

Voilà le superbe et arrogant cueur des Souysses, qui
lors se nommoyent correcteurs des princes. Ledict seigneur de La Tremoille ne se esbayst, mais parla à eulx
en ceste maniere :

Oraison et persuasion dudict seigneur de La Tre-
moille aux Souysses, faisant mencion du droict que
le roy de France a en la duché de Bourgongne.

« Si, par le conseil de l'ire, innocence demouroit de
« coulpe chargée, je me adroisseroys à vous, messieurs
« des lygues, pour trouver le chemin de paix ; mais,
« congnoyssant, pour avoir avec vous frequenté, que
« voulez tousjours estre obeissans à vertu, et que
« mieulx aymez vostre ire perir que la vostre re-
« nommée, et, comme jaloux de vostre bon bruyt,
« vous garder de erreur, à ce que par legiere crudelité
« ne mectez les mains es choses dont sans reproche
« ne pourroyent estre retirées, aussi que tenez en sus-
« pens l'execution des choses qui vous sont doubteuses,
« si voulez me ouyr, contenteray, par benigne response,
« voz espritz par ire troublez, en sorte que jugerez le
« Roy mon maistre innocent, et ses adversaires non
« immaculez de desloyaulté. Aultresfoiz et à la prinse
« de Loys Sforce, vous feiz assez entendre, messieurs, le
« bon droict qu'il avoit et a en la duché de Milan, et
« que Loys Sforce et ses antecesseurs dont il portoit le
« nom, l'avoyent par tyrannie usurpée et possedée : à
« ceste consideracion, n'en voulans maulvaise querelle
« soustenir, son party laissé, prinstes celluy du Roy.
« Quant à Gennes, vous entendez assez qu'elle est des
« appartenances de Milan, et aussi en sont les villes re-
« couvertes par armes des Veniciens ; et au regard du
« Pape, vous sçavez que le Roy luy a faict rendre, et
« semblablement au roy des Rommains et au roy d'Es-
« paigne, les villes et places que lesdictz Veniciens usur-

« poyent, et oultre la ville de Boulongne à l'Eglise
« rommaine; parquoy d'arguer le Roy mon maistre
« d'ambicion et convoytise, c'est à tort, car il ne de-
« mande fors ce qui luy appartient, et a despendu
« ung milion d'or, et mis sa personne et son royaulme
« en dangier, pour conserver l'accord de Cambray, et
« faire plaisir au Pape, au roy des Rommains et roy
« d'Espaigne, le tort, maulvaise foy et ingratitude des-
« quelz vous sont congneuz.

« Et ne povez, messieurs, honnestement dire que
« le roy de France n'a droict en ceste duché de Bour-
« gongne, car voz peres, du bon tiltre des roys de
« France bien informez, ont employé leur corps à la
« recouvrir, du temps du roy Loys XI. Chascun sçait
« que la duché de Bourgongne est du pays et monar-
« chie des Gaules, dont les roys Clovis, Clotaire son
« filz, Clotaire II, Dagobert, Clovis II, Pepin, Char-
« lemaigne et Loys Debonnaire, ont esté monarques,
« et que tout le pays de Bourgongne fut baillé par
« apennage à ung des enfans dudict Loys Debonnaire,
« et depuis possedé par divers ducz, jusques à ce qu'il
« retourna, par donnacion, au roy Robert, filz de
« Hugues Capet, qui eut deux enfans, Henry et Ro-
« bert. Henry fut roy de France, et Robert duc de
« Bourgongne. En ce temps les Bourgongnons se divi-
« serent, car ceulx qui sont soubs l'evesché de Besançon,
« qu'on appelle de present la comté de Bourgongne,
« se donnerent à l'empereur Conrat, et les aultres qui
« touchent à la comté de Champeigne, qu'on appelle
« la duché, demourerent soubz l'obeissance de leur-
« dict duc Robert et des Françoys, et y sont tousjours
« depuis demourez. Toutesfoiz la lignée dudict duc

« Robert faillit en Phelippes le second de ce nom,
« environ l'an 1350, et par ce moyen vinst la duché
« de Bourgongne au roy Jehan, qui estoit filz de Phe-
« lippes de Valoys, et de madame Jehanne, fille dudict
« Phelippes le second, duc de Bourgongne, lequel
« Phelippes le second mourut sans hoyr masle : par-
« quoy ladicte duché vinst à ladicte Jehanne et audict
« roy Jehan, son filz aisné et principal heritier, lequel,
« en l'an 1361, vinst ladicte duché de Bourgongne, in-
« separablement et perpetuellement pour luy et les
« siens, à la couronne de France; et en fut duc Char-
« les V de ce nom, son filz, qui la bailla par apennage
« à Phelippes son frere, et aussi à ses enfans masles,
« o ce que les filles n'y succederoyent ne herite-
« royent.

    « Dudict Phelippes vinst Jehan duc de Bourgon-
« gne, qui fut occis à Monstereul-Fault-Yonne, et du-
« dict Jehan vinst le bon duc Phelippes, et d'icelluy
« Phelippes, Charles, qui laissa Marie sa fille seulle-
« ment; au moyen dequoy le roy Loys XI s'empara de
« ladicte duché, comme unie à la Couronne, et parce
« non tumbant en succession feminine; et en ont
« tousjours depuis jouy les roys de France jusques à
« present, voyans et saichans Maximilian roy des
« Rommains, qui espousa ladicte Marie de Bourgon-
« gne, Phelippes, leur filz, qui fut roy d'Espaigne, et
« leur filz Charles qui à present est esleu empereur.

    « Rememorez, messieurs, et mectez davant voz
« yeulx de vostre entendement en quelle subjection
« et peine voulut vous mettre ledict Charles duc de
« Bourgongne, environ l'an 1475, et comment il ne
« vous peult nuyre, au moyen de l'aliance prinse par

« vous audict roy Loys XI, et combien de dons et
« biensfaictz vous fist lors ledict roy Loys, duquel vous
« eustes, à diversesfoiz, plus de cent mille ducas
« pour vous deffendre dudict Charles, contre lequel
« gaignastes deux batailles, à sa grant perte, dont l'une
« fut à Grançon. Et, depuis ledict an jusques au tres-
« pas dudict roy Loys, vous eustes de luy, par chacun
« an, quarante mille fleurins de pension, et tant de
« riches dons qu'il faisoit à voz ambassadeurs, que à
« peine on les pourroit extimer, dont ne fustes ingratz,
« car tousjours vous declairastes ses amys et serviteurs
« contre toutes personnes.

« Avez vous mis en oubly commant son filz, le roy
« Charles, continua ceste confederacion et alliance, et
« combien il vous feit de biens au voiage du royaume
« de Naples, où il ne voulut aller sans vous? et plus
« vous en eust fait, si son regne eust longuement duré.
« Mais, à la mutacion d'iceluy, il vous alla de bien en
« mieulx; car le Roy, qui à present est son successeur,
« ne se contenta de l'aliance ancienne, mais la renou-
« vella; et si prinst pour la garde de son corps certain
« nombre de voz enfans et parens, entre les mains des-
« quelz il a mis sa vie, sa mort et son salut, en declai-
« rant par tel faict la grant confiance qu'il avoit en
« vous. Et si n'a voulu faire guerre ne conqueste sans
« vous y avoir appellez à grans fraitz, et mises oultre
« voz pensions ordinaires; et neantmoins (à la per-
« suasion de ses adversaires, que congnoissez de maul-
« vaise foy, voire perjures) oublieux de vostre bon
« renom et de voz anciennes meurs, avez, sans propos,
« rompu et brisé son aliance, et prins le party de tirans
« et gens sans conscience.

« Que diront tous les princes chrestiens de vous,
« voire les Infidelles, quant sçauront que, par si legiere
« mutacion de vouloir, serez venuz contre vostre pro-
« pre fait, et impugné et contredict ce que vous avez
« par armes soustenu? De quelz infames umbres sont
« voz intellectuelz yeulx obfusquez ? quelle fureur
« vous meut, quelle intencion vous conduict, à quelle
« fin tendez vous ? voulez vous piller la terre qui vous
« nourrist, et de laquelle vous et les vostres avez tant
« de benefices et graces receuz? Et si la royalle ma-
« jesté, la reverencè des princes et des nobles, qui tant
« vous ont de amytié exibée, ne vous divertissent, que
« la ruyne qui pourra de vostre hostilité proceder sur
« les sacrez lieux, eglises, monasteres et religions, et
« le synderese des forces, violences, blasphemes, stu-
« pracions, sacrileges et aultres crimes provocans la
« divine magesté à ire, retiennent voz furieuses mains,
« arrestent voz immoderez couraiges, et adoulcissent
« voz cruelles entreprinses. Pensez que fortune a helles
« et mains, et non point de piedz ; et si de present vous
« donnoit faveur, que par son legier vol vous pourra
« soudain laisser on miserable gouffre de maleur, par
« l'union des chrestiens princes, lesquelz, assemblez et
« uniz, se pourroient venger de vous, pour le tiltre que
« avez usurpé sur leur magesté, et seront vous nom-
« mans leurs correcteurs.

« Ne presumez, messieurs, que le Pape, le roy de
« France ne les aultres roys ses adversaires se veulent
« tant humillier envers vous, qu'ilz vous facent juges de
« leurs differens. Vous entendez assez que aultre que
« Dieu, sans mortel glayve, ne les peut discuter, et que
« les grans princes n'ont juges que l'espée executeresse

« de leurs oppinions et conseil. Je m'esbays, messieurs,
« commant, contre la sentence des sages, avez confiance
« en nouvelle amitié et en amis reconciliez; savez vous
« point que le venyn se repouse soubz le miel de beau
« semblant, et que, apres avoir eu faict de vous, se de-
« claireront voz adversaires, et vous hayent tant qu'ilz
« ne quierent fors que par l'inimitance des Françoys
« soyez precipitez, vaincuz et adnichillez, sachans que
« seulz ne le pourroient faire. Qui est celuy de tous
« les roys desquelz portez la maulvaise querelle, qui
« vous puisse tant faire de biens que le roy de France?
« Les Hispaniens vous mesprisent; les Italiens vous
« ont en horreur, le Pape en mespris, et les enfans de
« Maximilian sont descenduz de Charles duc de Bour-
« gongne, vostre ancien ennemy et persecuteur.

« Pensez à tout cecy, messieurs, et combien y a de
« provinces on royaume de France qui vous combate-
« ront l'une apres l'autre! De la ville et cité de Paris
« sortiront cent mil combatans, soixante mille de la
« duché de Bretaigne, de la duché d'Anjou et comté
« du Mayne autant; en la duché d'Aquitaine, le Roy
« trouvera cent seigneurs, ses subjectz, qui à coup
« prest armeront et mettront en guerre chascun mil
« hommes, qui sont cent mil; sans y comprendre les
« duchez de Berry, comté de Prouvence, pays de
« Lyonnoys, le Daulphiné, la comté de Tholoze, sa
« duché d'Orleans, le pays de Soulogne, sa comté de
« Poictou, la duché de Bourbon, la duché d'Auver-
« gne, la comté de la Marche, la grant et forte duché
« de Normandie, le pays de Picardie et la comté de
« Champaigne. Quant vous auriés vaincu une province,
« à vostre grant perte, l'autre vous affolleroit, qui sont

« toutes choses, messieurs, lesquelles doyvent par vous
« estre considerées avant que mettre à effect voz sou-
« daines voluntez. Soyez vainqueurs de vous mesmes,
« refrenez vostre ire, despouillez vostre hostille cou-
« rage, moderez voz desordonnées affections, refroi-
« dissez voz martialles fureurs, donnez ordre à voz
« passions, pensez à l'advenir, rememorez le passé, et
« mitiguez le present : vostre legiere inimitié pour humi-
« liacion donne lieu à vostre ancienne alliance ; et si
« le Roy vous doibt quelques restes de choses promises
« pour voz merites et labeurs, j'en demeure le seul
« en vers obligé vous, et vous en respons. »

La fin de l'oraison du seigneur de La Tremoille
fist incontinant assembler les principaulx des Souysses,
pour sçavoir, pour ceulx qui n'avoyent l'intelligence
de la langue françoyse, la substance du long parler
dudict seigneur, par leurs interpretes (car peu d'i-
ceulx entendoyent nostre langaige); et une heure aprés
la response remise à une aultre heure du jour, et depuis, de ce jour au lendemain, furent si bien menez, par
doulces exhortacions dudit seigneur de La Tremoille,
que, moyennant quelque grosse somme de deniers
qu'il leur promist, leverent leur siege et retournerent
en leur pays, sans aultrement endommager la duché
de Bourgongne : mais ce ne fut sans prendre asseurance
de la promesse dudict seigneur, qui pour le gaige ou
hostaige bailla son nepveu messire René d'Anjou, chevallier, seigneur de Mezieres, l'ung des hardiz et prudens chevalliers et seigneurs du royaulme de France.
Et sans ceste honneste deffaicte, le royaulme de France
estoit lors affollé ; car, assailly en toutes ses extremitez
par les voysins adversaires, n'eust, sans grant hazart

de finale ruyne, peu soustenir le faix, et se deffendre
par tant de batailles.

Ce neantmoins, envie ennemye de vertu souillant
la bouche d'aulcuns gentilz.-hommes, non princes,
estans prés la personne du Roy et de la Royne, engendra quelque murmure et maulvaise extimacion en
l'esprit de la Royne, et par le moyen d'elle en celluy
du Roy, qui voluntiers prestoit l'oreille à ses paroles,
parce que bonne. et prudente estoit : et, comme le
seigneur de La Tremoille eust envoyé ledict messire
Regnaud de Moussy advertyr le Roy du grant service
qu'il luy avoit faict et à tout le royaume, trouva,
par les envieux, le bon extime du seigneur de La
Tremoille envers le Roy tout alteré et changé, en
sorte qu'il ne peult estre soudain ouy; ledit de Moussy,
adverty de la cause, sans emprunter l'ayde d'aulcuns
(car hardy homme estoit-il pour ses vertuz), entra
en la chambre du Roy, et, prosterné d'ung genou, luy
declaira par ordre le service à luy faict par son maistre, et que sans iceluy le royaulme de France estoit
en dangier de ruyne, dont il luy declaira les causes ;
mais ce fut davant ceulx lesquelz avoyent mis le Roy
en ceste mauvaise ymaginacion, qui ne sceurent que
dire ne respondre au Roy, qui leur dist : « Vous m'avez
« raporté qu'ilz n'estoient que vingt-cinq mil hommes
« de Souysses et Bourgongnons davant Dijon, et
« n'avoyent artillerie ne vivres pour entretenir ung
« camp; et vous voyez le contraire, non par le ra-
« port de Regnaud, mais des seigneurs du pays qui
« m'en escripvent; *par la foy de mon corps* je pense
« et congnoys par experience que mon cousin le sei-
« gneur de La Tremoille est le plus fidelle et loyal

« serviteur que j'ay en mon royaulme, et auquel je
« suis plus tenu selon la qualité de sa personne.
« Allez, Regnaud, et luy dictes que je feray tout ce
« qu'il a promis, et s'il a bien fait, qu'il face mieulx. »
La Royne sceut ceste bonne responce faicte par le Roy;
qui n'en fut contante; mais depuis (la verité congneue) jugea le contraire de ce qu'elle avoit par faulx
rapport ymaginé et pensé; et depuis, non si tost les
Souysses satisfaictz, ledit seigneur de Mezieres fut delivré et mis hors de leurs mains, aux despens du Roy,
qui bien congnoissoit que la gracieuse roupture de
l'armée des Souysses le mist hors du dangier de tous
ses ennemys, et restaura les timides cueurs du commun peuple de France, qui, tout effrayé, avoit perdu
vouloyr, force et hardiesse de se deffendre; et cest envoy remist leurs cueurs en leur sang chault, restaura
leurs forces, et redoubla leurs courages; en sorte que
le roy d'Angleterre vinst à paix par le mariage de madame Marie sa seur avec ledit roy Loys, quelque peu
de temps aprés le trespas de sa tresbonne espouse,
madame Anne duchesse de Bretaigne; à laquelle madame Marie le Roy tinst compaignée, quatre moys
seullement, et jusques au dernier jour de decembre (1)
l'an 1514, qu'il deceda en la ville de Paris; et fut
son corps mis avec les autres roys, à Sainct Denis en
France.

(1) Il mourut le premier janvier 1515.

CHAPITRE XXV.

Commant monsieur Françoys, duc d'Angoulesme, fut roy de France, le premier de ce nom; et de la victoyre qu'il obtinst contre les Souysses, à Saincte Brigide (1).

LE roy Loys laissa deux filles seullement de madame Anne, duchesse de Bretaigne, Claude et Anne; et par deffault de hoyr masle en droicte ligne, la couronne et ceptre de France vindrent à monsieur Françoys duc d'Angoulesme, le plus proche en ligne collateralle, lequel avoit au paravant espousé ladicte madame Claude fille aisnée de France. A l'entrée de son regne confirma ledict seigneur de La Tremoille en tous ses estatz et offices; l'année prochaine apres il entreprinst le recouvrement de sa duché de Milan, occupée par Maximilian, filz de Ludovic Sforce, par le support des Souysses; et, pour ce faire, droissa grosse armée, qui ne fut sans ledict seigneur de La Tremoille et monsieur Charle, prince de Thalemont, son filz, qui acompaignerent avec aultre le Roy en ceste expedicion: ilz prindrent leur chemin à Grenoble, à Nostre-Dame d'Ambrun Agnellestre, et à Sainct Paul, puis passa le Roy, avec son armée et artillerie, par ung chemin qu'on disoit estre inacessible pour chevaulx et chariotz, dont les ennemys ne se doubtoient. Par le moien dequoy, Prospere Columpne (2), avec quinze cens hommes de

(1) *A Saincte Brigide* : il s'agit ici de la bataille de Marignan. —
(2) *Prospere Columpne* : Prosper Colonne.

cheval de l'armée dudict Maximilian, furent surprins
par les seigneurs de Ymbercourt (1) et de La Palice, à
Villefranche, qui est une petite ville du pays de Py-
mont, et ledict Prospere Columpne emmené prisonnier au Roy, qui l'envoya en France soubz bonne et
seure garde.

Les Souysses estoient à Suze, à Villanne et Im-
mole, pour garder les passages, qui, courroussez et
esbahys de la prinse de Prospere Columpne, commen-
cerent à marcher vers Millan, et, à grant diligence,
passerent la riviere du Pau, avec leur artillerie, par
ponths de cordes, et entrerent en Novarre, où le Roy
les suyvoit ; et luy estant à Versel, furent portées
parolles de paix, pour laquelle faire furent commis et
deputez le bastard de Savoye, le seigneur de Lautrect
et aultres gens de sorte ; et neantmoins l'armée du Roy
marchoit tousjours, qui assiegea Novarre, laquelle,
vuyde des Souysses, se rendit ; de Novarre allerent
à Bufferolle, et ce pendant le Roy eut nouvelle que la
paix estoit accordée entre luy et les Souysses, moyennant certaine somme de deniers qu'il leur donnoit,
pour le deffray de leur armée ; et, comme on leur
portoit l'argent, se mirent à chemin, pour aller au davant du Roy et le surprendre, en venant, contre leur
accord, à l'exhortacion du cardinal de Syon (1).

O grant malice et lascheté de gens, inventée et soustenue par personne en dignité ecclesiastique consti-
tuée, et dont le maleur tumba sur les lasches ! car
le Roy, de ceste trahyson adverty, non estonné de
si prestement combattre, comme hardy et plain de

---

(1) On verra ce fait mieux detaillé dans les Mémoires de Bayard. —
(2) *Du cardinal de Syon* : Matthieu Scheiner, cardinal de Sion.

cueur, delibera les actendre, et se mettre premier
au labeur et dangier; et ce mesme jour, qui fut le
quatorziesme jour de septembre l'an 1515, environ
trois ou quatre heures aprés midy, les Souysses, acompaignez des Italiens, vindrent frapper sur l'armée
des Françoys, dont les Alemans du Roy de la bande
noyre, esbaiz, reculerent, doubtans que le Roy eust
intelligence avec les Souysses pour les deffaire, au
moyen dudit traicté de paix qui avoit esté tenu pour
faict le jour precedent : mais deux mille avanturiers
françoys soustindrent la premiere poincte des Souysses,
et se monstrerent gens de bien : car ilz deffirent d'entrée
quatre mille Souysses ; les autres bandes des Souysses
(cuidans mettre en desordre les Françoys, comme ilz
avoyent faict la bataille à Novarre, en laquelle estoyent
les Italiens deux ans davant) donnerent sur la bataille françoyse : mais ilz furent reboutez par l'artillerie, qui besongna si bien avec les hommes d'armes,
que les Souysses ne furent les plus fors. Le Roy,
qui estoit en la bataille, acompaigné dudict seigneur de La Tremoille et d'autres vaillans capitaines,
ne perdit de veue l'artillerie, et si alloit de lieu en
autre, croissant tousjours par doulx langaige les hardiz
cueurs de ses gensd'armes.

La meslée fut cruelle et longue, car elle dura
jusques apres jour couché, à la raison de ce que la
lune luysoit; et si estoyent les Françoys et Souysses
si acharnez à se occire l'ung l'autre, qu'il n'y eut
chose qui les peust separer, que l'obscurité de la nuyt,
en laquelle le Roy n'eut autre lict, fors le timon d'une
charette, et pour fins linceux le harnoys sur le dos:
car, d'une part et d'autre, les gensd'armes furent tous-

jours en doubte. A peine on trouva de l'eaue clerc
pour le Roy, parce que les ruisseaux courans autour
du lieu de la bataille, estoient plains du sang des occis;
les autres princes et seigneurs n'eurent moindre peine,
comme la raison le vouloit; et entre aultres le seigneur de La Tremoille fut toute la nuyt armé, sans
clore les yeulx, prés du Roy : son filz, le prince de
Thalemont, estoit en la compaignée du duc de Bourbon, qui conduysoit l'avant-garde. Le landemain matin le Roy fut adverty que les Italiens et Souysses re-
tournoient en groz nombre et bon ordre pour leur
donner bataille, et, considerant la peine prise par ses
gens d'armes le jour precedent, affin qu'ilz ne recu-
lassent, les principaulx d'iceulx assemblez, leur dist
ces parolles ou semblables en substance :

*Oraison et persuasion militaire du roy de France à
ses gensd'armes contre les Souysses.*

« Toute persuasion, mes fideles amys, n'est à mon
« jugement superflue en haultes entreprinses, l'entrée
« desquelles est dangereuse, et l'yssue à doubter,
« comme celle laquelle, soubz l'asseurance de voz
« nobles vouloyrs, force et hardiesse, j'ay faicte. Vous
« congnoissez auquel dangier de noz vies, honneur et
« biens avons, à la desloyalle lascheté de noz ennemys,
« resisté, dont la premiere gloire à celluy duquel les
« victoires procedent rendue, vous en donne le loz et
« bienveillance; et puis que, par secours divin et voz
« labeurs, avons le dangier de l'entrée passé et sur-
« monté, mectons peine que à nostre honneur et avan-
« taige en soit l'issue. Et pour aisement le faire vostre

« nature qui est hardie et belliqueuse, soit consideré e;
« vostre coustume qui est de n'estre vaincuz, observée;
« les meurs de noz ennemis, congneues, qui plus sont
« convoiteux de pecune que avaricieux d'honneur;
« la forme de leur combatre, considerée, qui a plus de
« mine que d'effect; plus d'aparence que existence;
« et que au premier rompre sont vaincuz, et n'ont,
« seulz, forte resistance; et leur oultrecuidance mise
« davant voz yeulx, par laquelle se dient correcteurs
« des princes, au rabaissement de toute noblesse : nostre
« juste querelle nous doit donner force; leur injus-
« tice, seureté; leurs mauvaises meurs, mespris de leurs
« armes; et nostre necessité, acroissement de cueur et
« de courage. Considerez nostre honneur et gloire si
« l'orgueil de ces rusticz est humilié, et nostre re-
« proche s'ilz sont noz vainqueurs. Plus devons sou-
« haiter la fin de noz petites vies en honneur, que la
« longueur en misere et reproche : et plus devons
« desirer mourir en persecutant noz adversaires et
« querant le merite de justice, que laisser vivre, en vi-
« vant, les violateurs d'equité. Je vous prie, messieurs,
« que mourez avec moy, et moy avec vous, pour
« acquerir honneur à noz parens, salut à nostre pays,
« et faire ce à quoy nous sommes tenuz; et je vous
« asseure que si la victoyre nous demoure, que par
« effect recongnoistray sans ingratitude les biens-
« faisans. »

La necessité de combatre mist fin à ces parolles,
pour entendre à l'euvre; car les Italiens et Souysses,
qui estoyent jusques au nombre de trente mil combatans, assaillirent les Françoys en leur camp; messire
Jaques Galiot, chevalier hardy, de grant sens et bonne

conduycte (qui estoit maistre de l'artillerie), les receut à leur grosse perte et dommaige, car à grans
coups de canons en deffist une partie; neantmoins les
aultres qui tousjours tindrent leur ordre, entrerent sur
les Françoys et Alemans qui les recullerent hardyment. La meslée fut grande et cruelle; mais les Françoys furent les plus fors, et deffirent les Souysses, fors
ceulx qui tournerent le doz, et ausquelz les jambes
feirent plus de service que les braz et mains; et, n'eust
esté la poussière, peu se fussent saulvez : il en demoura sur le camp quinze ou seize mille; le reste
prinst son chemin vers Milan.

CHAPITRE XXVI.

*Commant le prince de Thalemont, filz du seigneur de
La Tremoille, fut navré de soixante-deux playes,
dont il mourut. Reduction de Milan.*

Ceste victoyre ne fut sans perdre plusieurs gens de
bien de France, et mesmement la plusgrant partie
d'une bande de jeunes princes et seigneurs de France
estans en l'avant-garde; lesquelz, pour rompre les
Souysses, se mirent entre eulx, et furent en partie
cause de leur desarroy et desconfiture, où ledict monsieur Charles de La Tremoille, prince de Thalemont,
filz dudict seigneur de La Tremoille, fut abatu et blecé
en soixante deux parties de son corps, dont il y avoit
cinq playes mortelles. Messire Regnault de Moussy,
chevalier, qui l'avoit gouverné en ses jeunes ans, le re-

tira de la presse, et le fist porter ainsi blecé jusques en
sa tante, où les cirurgiens le penserent à grant diligence. Aussi y furent abbatuz et occis Françoys monsieur, frere puisné du duc de Bourbon; le filz du comte
Petillanne, qui conduysoit les Veniciens pour le Roy;
le seigneur de Himbercourt, le comte de Sanxerre, le
seigneur de Bussy, le capitaine Mouy, et autres gens
hardiz et bien renommez.

Le seigneur de La Tremoille sceut commant monsieur Charles, son filz unique, avoit esté blecé en
soixante deux parties de son corps; parquoy, apres la
victoyre, alla le visiter et consoler: les medecins et
cirurgiens luy donnerent espoyr de guerison, par le
moyen dequoy se monstroit joyeux de ce que son
filz s'estoit trouvé en si forte presse, et dont il avoit les
enseignes de hardiesse, force et noblesse de cueur;
puis s'en alla tout consollé vers le Roy, qui luy fist fort
bon et joyeulx recueil, luy celant la prochaine mort de
son filz, qu'il avoit par les cirurgiens sceu; mais luy
voulant donner confort à ce que par soudaine douleur
ne fust sa personne blecée, luy recita les histoyres
d'aulcuns Rommains qui s'estoyent resjouy d'avoir
veu mourir leurs enfans en bataille.

Ledict prince de Thalemont, se voyant ainsi navré
en tant de lieux, quelque espoyr qu'on luy donnast,
dist audit de Moussy et aultres de sa compaignée:
« Or ça, messieurs, il faut que je vous laisse et les
« miseres du monde; je meurs en la fleur de mes ans,
« mais ce n'est à mon trop grant regret, puis qu'il plaist
« à Dieu qu'il soit ainsi, et qu'il m'a donné la grace
« de mourir au service du Roy et de la chose publique.
« Toutesfoiz, pour une autre consideracion, je voul-

« droys bien vivre, s'il plaisoit à Dieu, qui est à ce
« que je peusse faire penitence de mes pechez, et de
« mieulx servir et obeyr à Dieu que je n'ay faict
« le temps passé : le vouloyr de Dieu qui ne peult
« faillir soit acomply. Je vous prie que je aye le
« prestre pour me confesser. » Ledict seigneur se con-
fessa fort devotement, et receut le sainct sacrement
de l'aultier (¹); puis, à la fin de trente six heures apres
sa bleceure, rendit l'ame à Dieu.

Le Roy, premier adverty de son trespas, alla subit
en la tante dudit seigneur de La Tremoille, qui rien
ne sçavoit de ce groz inconvenient, et luy dist : « Mon-
« sieur de La Tremoille, je vous ay tousjours congneu
« magnanime ; et m'a l'on dict vostre fortitude telle
« que pour toutes les infortunes et adversitez qui vous
« sont advenues, ne changeastes onc vostre bon propos,
« et n'en furent voz affaires, ne ceulx de la chose pu-
« blicque, onc retardez ne mal conduitz ; j'en ay
« veu l'experience derriere, on mal de mon cousin
« vostre filz, que vous avez trespaciemment supporté ;
« mais ce n'est assez, car il fault que vous usez de vostre
« force et prudence plus que jamais, en la mort de
« mondict cousin vostre filz, qui est decedé puis une
« heure : ce que vous suis venu declairer, extimant
« n'y avoir en ma compaignée personnage duquel ac-
« cepterez mieulx la parolle sans immoderé courroux.
« Je sçay qu'il seroit impossible à nature de le passer
« sans griefve douleur, car le personnage le valoit, et
« vous asseure que, hors la paternelle affection, vostre
« regret ne sera plus grant que le mien. Je vous prie,
« chier cousin, que pour l'honneur de Dieu et l'amour

(¹) *L'aultier* : autel

« que avez à moy, prenez ceste irreparable perte en
« pascience, et vous consollez en son filz qu'il vous a
« laissé, portant jà l'espoir de la preudhommie du
« pere. »

Le seigneur de La Tremoille couvrit son piteux
visage d'une louable constance contre la magesté de
nature; toutesfoiz les yeulx, qui, selon naturelle providence, plus obeissent au cueur que membre qui soit
en la personne, ne peurent tant celler sa douleur, que
pour luy donner allegence ne distilassent petites larmes, contre la volunté de l'esprit; et respondit au Roy:
« Sire, je vous rends humbles graces de la consolacion
« qu'il vous plaist me donner en l'infortune qui m'est
« advenue pour la mort de mon filz, dont je aurois
« plus de angoisse tristesse, si l'on m'eust asseuré mon
« filz estre immortel, ou devoir vivre par necessité
« quatre vingts ou cent ans; mais je savois mon filz
« povoir mourir jeune en guerre ou ailleurs, et n'ay
« mis sa vie en mon esperance pour tousjours durer;
« mais, le voiant aller au danger où les gens de bon
« cueur se mectent pour le bien public, le tenois
« comme si estoit jà mort.

« A ceste consideracion, et qu'il est au lict d'hon-
« neur decedé en vostre compaignée, à vostre service et
« en juste querelle, mon deul n'en est si grant; com-
« bien que accident ayt perverty l'ordre de nature;
« car mieulx seroit, comme il me semble, qu'il fust
« demouré sans pere que moy sans filz, qui ay faict et
« passé la pluspart de mon temps, et il commanceoit
« acquerir honneur et vostre grace; et, puis que le
« cas est advenu, je louhe Dieu et le remercie de ce
« qu'il luy a donné grace que, apres avoir eu soixante

« deux playes, pour le soustenement du bien public
« et en juste guerre, a voulu avoir et a eu confes-
« sion et le sainct sacrement de l'aultier. Je regrete
« apres son cousin monsieur Françoys de Bourbon,
« le comte de Sanxerre et aultres jeunes princes et
« seigneurs qui ont esté occis en bataille. Reste faire
« emmener leurs corps en France, prier Dieu pour
« leurs ames, et parfaire vostre voyage et entreprinse,
« où, tout ce nonobstant, je emploieray le reste de
« ma facheuse vie. »

Le Roy fut trescontant de ceste response ; aussi
estoit honneste et prudente ; et depuis le seigneur de
La Tremoille se porta si prudemment en la charge
qu'il avoit du Roy, que à ses gestes et parolles on
n'eust congneu son dueil.

Le dueil de la mort des princes suspendu, et remis
à leurs serviteurs et pensionnaires, et aussi à leurs
meres et femmes, enfans et subjectz estans en France,
le Roy, suyvant sa fortune, s'approcha de Milan ; et,
considerans les Milannoys France avoir la plus grant
part du baston, et que le Roy s'aprochoit d'eulx, suyvans leurs iniques et mauvaises meurs, se revolterent
contre Maximilian, et envoyerent au Roy les clefz de
leur ville, par aucuns des principaulx de leur corps
politic, l'ung desquelz fist au Roy telle ou semblable
oraison ou persuasion que ceste cy.

Oraison des citoyens de Milan au roy de France, à
ce qu'il les prinst à mercy.

« L'immortelle renommée de tes excellentes et di-
« vines vertuz, tresillustre et triumphant Roy, nous

« faict de ta clemence et doulceur esperer, et que les
« faultes contre ta royalle Magesté commises, non par
« nostre malice et desloyauté, mais pour le trop
« legier croyre et facille craincte de Maximilian, con-
« duicte par le cardinal de Syon et ce tant muable
« peuple helvecien, nous seront, par benignité et pitié,
« remises et pardonnées; et à ce te doit induyre et
« exciter le bon vouloyr d'aucuns et la pluspart de
« ceulx de ta cité de Milan, lesquelz (le tort congneu
« de tes adversaires) avoyent chemin prins avant ta
« glorieuse victoyre, pour mectre entre tes mains et à
« ta mercy, nous, tes subjectz, ta cité et tous noz biens,
« qui fut par le cault et sedicieux cardinal de Syon,
« rompu et empesché; lequel, apres avoir mis nostre
« ruyne davant noz yeulx, et nostre mort à noz por-
« tes, s'est, au subtil et secret, absenté, doubtant la
« vengence de ton couroux estre en luy comme bien
« le meritant executée.

« Considerez, ô treshumain et begnin prince, noz
« voluntez, plus à toy que aux Sforces, de la tienne
« seigneurie usurpateurs, enclines, et la facilité de
« nostre offense, plus procedant de humaine fragilité
« que de malice. Adoulciz la severité de ta justice,
« refrains ta juste ire, que couroux ne soit maistre
« de ton cueur, et ne nous laisse en la deffiance de
« nostre malheur. Nostre offense confessée, voulons
« satisfaire non à la rigueur, mais au dire de ta mi-
« sericorde. Que noz biens facent pour nous l'a-
« mende, et retirent le glayve pugnisseur de la nostre
« passée desobeissance. Ne destruiz, par finalle ruyne,
« ta cité de tant de choses sacrées ornée; saulve la
« sumptueuse structure d'icelle, et que noz richesses

« facent encores vivre ceulx qui en vivant desirent te
« servir et obeyr. »

Briefve oraison et responce du Roy aux Milannoys.

Le Roy, qui est ung treseloquent prince et le plus
de sa court, fist la responce de sa bouche, leur disant
ce : « Avec esgal œuil vostre coulpe et le merite de
« clemence se doyvent regarder, à ce que le soudain
« remectre du delict, par trop facile pitié, ne engen-
« dre inconvenient plus grant que le precedent. Vous
« savez, Milannoys, combien de foiz avez failly à mon
« predecesseur roy de France, vostre naturel seigneur,
« obeissans plus voluntiers à celuy qui par tyrannie
« vous a tenuz soubz injuste seigneurie, et que le sou-
« dain pardonner vous a soudain et trop hardyment
« donné occasion de retourner à vostre premiere re-
« bellion; parquoy le renouvellement de grace cau-
« seroit nouvelles offenses à ma perte. La mort de
« tant de princes, chevaliers et aultres vaillans hommes,
« par voz laschetez occis, clost mon œuil de pitié, et me
« faict par indignacion vous regarder en appetit de
« vengence. Neantmoins, considerant que c'est vostre
« premiere requeste, de laquelle ma benignité ne vous
« peult reffuser, je vous donne voz vies, vous restitue
« en voz honneurs, et, au desir de vostre humble
« priere, accepte voz biens pour partie de la deue sa-
« tisfacion, moyennant la fidelité que vous pro-
« mectez inviolablement garder, laquelle par vostre
« coulpe brisée, se rendra indigne du retour à mercy. »
La response du Roy fut briefve, mais agreable à
ceulx de Milan, lesquelz, apres le serment de fidelité

faict, composerent à certaine somme de deniers qu'ilz payerent pour partie du deffroy de l'armée de France. Et entra le Roy triumphamment en la ville de Milan : puis fist assieger le chasteau où estoit Maximilian Sforce, lequel se rendit à la mercy du Roy. Au regard du cardinal de Syon, de toute ceste guerre aucteur, s'en estoit allé sans dire adieu, et deceut les Souysses. Quelque temps apres ceste glorieuse victoyre (ordre mis en toutes les villes) le Roy retourna en France, et ledit seigneur de La Tremoille avec luy.

CHAPITRE XXVII.

Comment le corps du prince de Thalemont, filz dudit seigneur de La Tremoille, fut apporté en France; et des grans regretz que sa mere fist de son trespas.

LE deces du prince de Thalemont advenu, son corps demoura entre les mains de messire Regnaud de Moussy, chevalier directeur de son adolescence, qui ne demoura seul, car il fut assez acompaigné de douleurs et angoisses ; aussi fut il de plusieurs gentilzhommes et autres serviteurs dudit prince, lesquelz, vestuz en dueil, acompaignerent le corps embasmé jusques en France, et en la ville de Thouars, pour le mettre es honnorables et riches sepultures dudit seigneur de La Tremoille. Le voyage fut long, à la raison de ce que par toutes les villes, bourgs et paroisses où passoit ce corps, y avoit service pour l'ame de ce bon prince. Et, comme on faisoit toutes ces choses, ledit seigneur de La Tremoille envoya la poste diligemment vers madame Gabrielle de Bour-

bon, son espouse, lors estant au chasteau de Dissay
avec monsieur Claude de Tonnerre, evesque de Poictiers, nepveu dudict seigneur, où s'estoit retiré, pour
le dangier de peste qui lors estoit en ladicte ville
de Thoüars; et luy escripvit une lettre de sa main, et
une autre à sondict nepveu, faisans mencion de la
perte de son filz, à ce qu'il eust à consoler sa tante:
car bien pensoit qu'elle en auroit ung excessif dueil.

La poste arriva au chasteau de Dissay huyt jours
apres le deces dudict prince de Thalemont, combien
qu'on avoit sceu troys jours apres la bataille, qu'il
avoit esté blecé; mais on disoit qu'il en gueriroit, et
se y actendoit la bonne dame.

L'evesque receut le pacquet, et leut sa lettre, qui fort
estoit briefve, mais piteuse à lire; en sorte que, passionné
en son esprit, fut long temps sans parler, actendant
que son cueur choysist de quelz pleurs pourroit faire
à ses yeulx present. Son dueil (que seul alla faire en
sa retraicte, sans en dire aucune chose à personne par
prudence) paciffié, adverty que madame sa tante avoit
prins sa reffection du disner, fist appeller son maistre
d'hostel et aulcuns gentilz hommes de sa maison, en
la compaignée desquelz (apres leur avoir fait declara-
tion de ceste piteuse mort) allerent tous ensemble vers
elle en sa chambre, et luy dist l'evesque ce: « Madame,
« j'ay receu des lettres de Italie. — Et puis, dist-elle,
« commant se porte mon filz? — Madame, dist l'eves-
« que, je pense qu'il se porte mieulx que jamais, et qu'il
« est au cercle de heroïque louange et au lieu de
« gloire infinie. — Il est donc mort? dist-elle. — Ma-
« dame, ce n'est chose qu'on vous puisse plus celler,
« voire de la plus honneste mort que mourut onc

« prince ou seigneur ; c'est au lict d'honneur, en ba-
« taille permise pour juste querelle, non en fuyant,
« mais en bataillant, et navré de soixante deux playes,
« en la compaignée et au service du Roy, bien extimé
« de toute la gendarmerie, et en la grace de Dieu, car
« luy bien confessé est decedé vray crestien. Vostre
« cousin, monsieur Françoys de Bourbon, le comte
« de Sanxerre, et aultres qui sont mors en la bataille,
« n'ont eu ceste grace et don de Dieu. Toutesfoiz je
« extime leur mort bonne, parce qu'ilz ont droicte-
« ment vescu. »

Ceste dure et aspere nouvelle feit soudain reculler
et absenter le sentement et congnoissance de l'esprit
de ceste dame, et à ceste raison devinst froide comme
marbre, et perdit le parler. Soudain fut, par aroma-
tiques liqueurs, secourue, et tost apres les larmes qui
sortirent de ses yeulx, desserrerent son cueur, et commancerent les heraulx de douleur, qui sont souspirs,
sortir de son estomac et passer à grant peine par sa
tremulente et palle bouche, puis dist : « Ha ! mon
« nepveu, pensez vous que je puisse ceste triste for-
« tune, irrecuperable perte, cruel accident, et im-
« pourpens inconvenient, passer, sans briefvement
« mourir ? Si je pensois ne desplaire à Dieu, luy re-
« querrois mon infortunée vie estre on repos de mort,
« qui est la fin de toutes miseres ; car je sçay que la
« joye du monde me engendrera tristesse ; la conso-
« lacion des hommes, desconfort ; le passement des
« livres, renouvellement de douleurs ; labeur de mes
« amys redoubleront mes angoisses ; et la vie solitaire
« me produira invencions de nouveaux tormens pour
« persecuter mon esprit. Je ne feray plus que reiterer

« l'esperance de ma mort, le desepoir de ma vie, et
« l'abominacion de toutes lyesses. Que nourrira plus
« mon ymaginacion, fors monstres hydeux, lamyes noc-
« turnes, magiciennes furies, songes tristes, et lachri-
« mables fantasies? car j'ay perdu mon filz, ma geni-
« ture, mon ymage et ma consolacion. C'estoit l'espoir
« de nostre maison, le coffre de nostre honneur, le
« tresor de nostre richesse, la stabilité de nostre gloire,
« la perpetuacion de nostre renommée, l'advent-mur
« de nostre force et le braz dextre de nostre povoir.
« Il est mort en l'aage de vivre, amateur de vertuz,
« ennemy de vice, amé de chescun, et en la louhée
« extime des bons et nobles cueurs. »

Oraison consolatoire de l'evesque de Poictiers à la dame de La Tremoille.

« Assez vous est congneu, madame, que toutes les
« humaines creatures qui par leur nativité entrent en
« ce monde, combien que pour aucuns temps ils y
« reluysent et triumphent, sont toutesfoiz contrainctes
« aller à la mort, les aucuns lentement par maladies,
« les aultres soudainement par accidens divers, selon
« le cours de la duracion qu'ilz ont à la divine Provi-
« dence. La puissance de la mort est insuperable;
« elle surmonte non seulement ung, mais tous, les
« fors et debilles, les joyeux et tristes, les pauvres et
« riches, les congneux et extrangiers, les jeunes et
« vieulx, les bons et maulvaiz, les hommes et femmes.
« La mort est le tribut, la prison et la craincte certaine
« de tous humains; et, comme la mer est le recep-
« tacle de tous les fluves, aussi est la mort la finalle

« reposition de tous les vivans. Les fors par puissance
« ne la peuvent surmonter, les doctes par science ne
« la peuvent vaincre, les richés par pecunes ne la
« peuvent corrumpre, les dignes par eminences ne la
« peuvent destourner, et les jeunes par corporelle
« vertu ne la peuvent esloigner. Elle ne pardonne à
« pauvreté, elle ne tient compte de richesse, elle ne
« revere noblesse, et ne luy chault de vertuz; tous-
« jours est à la porte de vieillesse, et nuyt et jour
« insidie jeunesse; la mort ne excute ses cruelles ope-
« racions tousjours par la contrarieté des elemens (qui
« est chose naturelle), mais souvent par divers et
« merveilleux accidens, comme par eaue, par feu,
« par glayve, par precipitation, par venyn, on lict,
« hors lict, en terre, en mer, en l'aer, en guerre et
« en paix. Et, selon les accidens de mort, on extime,
« par la faulce reputacion des hommes, les humains
« eureux ou maleureux.

« Considerez, madame, que feu mon cousin vostre
« filz n'est mort par aucun de tous ces maulvaiz acci-
« dens, mais en homme de vertuz, avec les gens de
« bien; non entre les bestes, mais avec les hommes;
« non entre les brigans et pirates, mais en juste guerre;
« non de morsure de bestes silvestres, mais par mar-
« cial glayve; non par canon, mais de coups de lance;
« non laschement, mais hardiment; non seul, mais
« en la compaignée de son pere; non au service de
« tirans, mais à celuy de son Roy; non en reproche,
« mais honnestement, comblé d'honneur, envelopé
« de bon renom et en l'amour et grace de Dieu. Puis
« que par necessité devoit mourir, devez vous point
« prendre alegence de vostre deul, et regret en sa

« tant honnourable fin ? Mieux luy vault et à son
« noble parentage estre ainsi mort en la fleur de son
« aage, hereditant lessiens de perpetuelle gloire, que
« avoir vescu trente ans davantage, et puis mourir en
« son lict ou ailleurs de malladie grosse. Si je vou-
« lois reciter la miserable fin de tant d'empereurs, roys,
« princes et seigneurs du temps passé, extimeriez celle
« de vostre filz, mon cousin, estre eureuse.

« Or voyez vous, madame, quelle grace Dieu vous
« a faict d'avoir donné fin tant eureuse et honnou-
« rable à mondict cousin, et sur ce vous consoller et
« donner repos à voz souppirs et larmes. Considerez
« les variacions de noz vies pleines de labeurs, en-
« nuytz, tristesses, dangiers, douleurs et aultres mi-
« seres, et que de tout ce mon cousin est mis au de-
« livré; et l'espoyr que avez eu en luy gectez le sur
« les bonnes meurs de son filz Françoys, suyvant jà
« celles de son pere. Vous voyez ses puerilles ans,
« tant bien dispousez à vertuz, que j'espere que la
« perte du pere sera recouverte par le filz ; et, quant
« vous aurez bien le tout consideré, vous arresterez
« à ce qu'il fault adherer à la volunté de Dieu, qui ne
« faict rien sans cause; et jaçoit ce que ses jugemens
« soyent aux humains merveilleux, neantmoins sont
« ilz justiffiez en eulx mesmes, ainsi qu'il les faict; et
« y contredire est murmure et blaspheme.

« Voz raisons sont tresbonnes, mon nepveu, dist
« la dame de La Tremoille en plorant, mais Dieu
« povoyt faire vivre mon filz autant ou plus que son
« pere; et augmenter et croistre ses vertuz, force,
« prudence et hardiesse. O combien est la mort aveu-
« gle et desraisonnable qui les vielz laisse, et prend

« les jeunes! Dix ans y a que, par maladie, menassa
« mes longs ans, et elle a la jeunesse de mon filz des-
« robée; mieulx eust observé les loix de nature, gar-
« dant les trente deux ans de mon filz, que pardonner
« aux cinquante de la vieille mere.

« Si mon filz en eust seullement vescu soixante, et
« continué le commancement de sa louable vie, je
« extime, mon nepveu, qu'il eust faict des choses
« inouyes. Il eust surmonté l'honneur de ses ancestres,
« et les renommées escriptes aux maisons dont il est
« descendu. Il eust acompaigné le reste de ma vie
« de joye, et eust regeneré mes longs ans par l'odeur
« de son bruyt et fame; mais j'ay perdu tout cest
« espoyr, et suis asseurée, mon nepveu, que le vivre
« me sera doloreux, et que mon dueil mettra bien
« tost fin à ma desolée vie. »

Ilz eurent plusieurs aultres parolles trop longues à
reciter : suffise aux lecteurs que la bonne dame con-
somma ce luctueux et lamentable jour, et plusieurs
aultres subsequens, en l'opperacion de ses angoisses,
amertumes et pleurs. Elle ne voulut lire la lettre que
luy avoit son espoux escripte de la mort de leur filz,
en presence dudict evesque son nepveu, mais se retira en son cabinet, où, apres avoir longuement ploré,
en fist lecture, et estoit telle.

Lettre du seigneur de La Tremoille à madame son
espouse, de la mort de leur filz.

« Si la mort de nostre trescher filz Charles eust peu
par la myenne estre vaincue, ne fussions, ma tant
amée dame, en peine de regreter, plorer et lamenter la

perte du tant noble fruict de nostre mariage, l'espoyr
de nostre maison et l'apuy de nostre vieillesse. Et si
ceste mort m'est angoisseuse, autant m'est la desolacion qu'en aurez, pesante. Toutesfoiz, vostre prudence
considerée, je extime que l'usaige des choses mortelles
vous donnera quelque consolacion. Nous ne sommes
les premiers de telle infortune assailliz ; souvent
advient que, par le desordre de nature, le deces du
filz precede celluy du pere. Peu avons de gens anciens congneuz qui n'ayent à leur grant regret et
dommaige perdu de leurs enfans. La pascience en est
trop plus à louher que le trop grant desconfort, parce
que le supporter sans murmure et en doulceur est
ung sacrifice à Dieu, qui faict tout pour le mieulx, et
le desraisonnable desconfort luy desplaist. La personne
doit estre dicte sage qui se conforme à la divine volunté,
et qui ne prend conseil de trop grant douleur en ses
adverses visitacions, qui sont la vraye garde de l'esprit.
Troys choses nous donnent moyen de confort : l'une,
que nostre filz est mort en acte de vertu pour le bien
public et en juste querelle, et nous a laissé ung filz
bien disposé pour vivre ; l'autre, combien qu'il ait eu
soixante deux plaies, dont en y avoit quatre ou cinq
mortelles, et neantmoins, par la grace de Dieu, a vescu
trente six heures apres, et les sacremens de saincte
Eglise par luy receuz ; a tousjours eu congnoissance
de Dieu, et bonne parolle, jusques au depart de l'ame
et du corps ; et l'autre qu'il est hors des mondaines
miseres, et que son ame est, comme je pense, en
eternel repos. Je vous envoye le corps, vous priant,
madame, que, par impascience ou trop excessive douleur, je ne perde la mere avec le filz, et que, en perdant

les deux je ne me perde : ce que Dieu ne vueille, mais vous donner à vous et moy le necessaire pour nostre salut.

« Escript au camp de Saincte Brigide, le 18 septembre. »

Ceste lectre estoit escripte dudit seigneur de La Tremoille, et non par son secretaire; laquelle ne fut leue sans variacion de propos, et sans gecter grans souspirs et larmes par ladicte dame, qui, apres avoir son dolent cueur, des immundicitez de angoisse par piteuses larmes, lavé, prinst sa plume; et, voulant aussi de sa part, en cellant ses angoisses, son cher espoux reconforter, luy escripvit ceste lettre.

Response de ladicte dame audict seigneur de La Tremoille.

« Si la transgression de la justice originelle, qui fut à noz premiers parens donnée, n'eust entre l'esprit et la chair mortelle guerre engendrée, le trespas de nostre unique filz nous devroit plus consoller que contrister, parce que l'esprit, par la clere verrine de raison, veoyt et congnoist qu'il est de peine transmigré en repos, de misere en gloire, de crainte en seureté, d'espoyr en divine vision, de malladie en incorruptible incolumité, et de mort en eternelle vie; mais la chair qui, pour les tenebres du corps, ne veoyt aulcune chose en esprit, regrette, lamente et deplore la perte ou absence de ce qui luy plaist, et de ce qu'elle ayme corporellement, parce qu'elle ne peult veoyr le fruict des choses spirituelles, qui est la cause de vostre desconfort et de ma tant desollée tristesse. Toutesfoiz monsieur, quant à l'entendement, si trop ne summes de raison esloignez, doyvons louher Dieu et luy rendre graces pour les consideracions que de vostre grace m'avez escriptes. Croyez, monsieur, que, en rememorant la benignité de nostre filz, son humilité, obedience et honnesté, ma pauvre chair languist, et mon ame n'est que demye vifve ; mais au considerer les douaires des ames saulvées, et que j'espere que tous le serons, je me consolle quant à l'esprit, non que ma chair en soit contante. Toutesfoiz chose contraincte est, si ne voulons offenser Dieu, le louher de nostre infortune. Je vous prie, monsieur, que de vostre part regectez les causes de douleur, et que joygnez la vostre pensée à l'amour spirituelle. Au regard du corps, que je ne pourrois veoyr sans de dueil mourir, sera honnourablement ensepulturé au plus pres de vostre vouloyr, sans aulcune chose y espargner, et encores moins pour le salut de l'ame, qui doibt estre la premiere servie, comme celle qui doit sans fin vivre au palays de eternel repos, ouquel, apres bonne et longue vie, Dieu vous vueille donner lieu.

« Escript à Dissay, le 24 septembre. »

La lettre de ladicte dame, portée audict seigneur de La Tremoille, fut troys jours par luy gardée, sans la vouloyr lyre, pour le doubte de renouveller sa tristesse. Toutesfoiz ung soyr bien tard en fist lecture de partie, car le tout ne peut lyre, à la raison de ce que l'escripture estoit effacée des larmes de la dame, qui estoyent en l'escripvant sur icelle tumbées.

Je ne me oublieray en cest endroict, parce que, nonobstant ma petite qualité, et que à moy n'appartinst voir le congnoistre du regret de ceste tres noble

dame, toutesfoiz, comme je fusse par devers elle allé
pour luy parler d'aulcunes affaires civilz dont j'avoye
de par monsieur et elle la charge, ne me presta l'o-
reille pour me entendre, mais convertit le sens de
l'ouye en piteux regards, acompaignez de vehemens
souspirs, qui empescherent long temps son parler, que
je n'ousoye anticiper, mais l'actendoye en contrainctes
larmes soubz emble semblant, par compassion de son
infortune. Et comme le temps luy eust donné grace de
parler, elle m'ouvrit le coffre de ses piteables douleurs,
en me disant : « Ha! Jehan Bouchet, que dictes vous
« de mon malheur et de l'irreparable perte de nostre
« maison ? Me doy je arrester de sacriffier par larmes
« ma douloureuse cause davant tout le monde? pen-
« sez vous que le possible de vivre empesche l'effort de
« mort? Me ayderez vous poinct à soustenir le faix de
« mon malheur, qui participez en la perte? Oublierez
« vous l'espoyr par vous actendu en l'exhibicion de
« l'amour de mon filz, et le loyer du service par vous
« à luy faict? Qui presentera plus voz petiz euvres
« davant les yeulx des princes pour en avoir guerdon?
« qui recepvra et mettra en valeur voz petites compo-
« sicions ? N'espargnez vostre plume à escripre le
« congneu de vostre seigneur et maistre, à ce que
« oubliance ne laisse perdre ses merites. »

Toutes ces piteuses parolles donnerent roupture à
mon principal affaire, et tant greverent mon cueur que
intrinseque douleur deffendit à ma bouche le parler,
et sorty de la chambre, acompaigné seullement d'angoisse, laissant la desolée plorant et se desconfortant,
sans avoir puissance de luy donner lors ung seul
confort.

Ceste dame savoit tres bien que porter paciemment, sa perte estoit merite; et, quant à l'esprit, n'y failloyt en rien : car c'estoit une dame qui fort bien l'entendoit, et s'estudioit de tousjours conformer son vouloir à la divine volunté. Mais, touchant la sensualité qui repugne tousjours à la raison, elle souffroit tant que le plus l'eust fait soudainement mourir. Et fuz plus d'ung moys que n'ousois à elle me presenter, à la raison de ce, quant elle voioit quelqu'un de ceulx que son filz avoit speciallement amez, ses doleurs renouvelloient, son esprit en avoit nouvelle guerre, toutes ses consolacions estoient troublées, et tous joieux souvenirs gectez derriere le doz. Et deslors, vaincu du debonaire commandement de ladicte dame, gectay ma fantasie sur nouvelles formes et invencions, pour deplorer par escript ceste tant noble et louable mort, querant quel langaige je approprieroye à la nature du cas; et finablement, parce qu'il avoit amé la metrificature, prins commencement à descripre ses meurs et cundicions, dont je sçavoie la verité, nonobstant que depuis aucuns, par envie de sa louange meritée, ont murmuré contre l'opusculle que je feiz, intitulé *le Temple de bonne renommée.*

CHAPITRE XXVIII.

Des regretz de madame la princesse pour le deces de monseigneur le prince son espoux ; et du tres-pas de madame Gabrielle de Bourbon, sa mere, qui mourut de deul.

Combien que toutes ces douloureuses plainctes deussent suffire pour faire le deul du bon prince de Talemont, neantmoins fut renouvellé par les doleances de ma dame Loyse , comtesse de Taillebourg, son espouse, laquelle, asseurée de son piteux trespas, feit telz ou semblables regretz : « Ha ! mort horrible, « cruelle, sanguineuse et violente, eternel dormir, « dissolucion des corps, la crainte et tremeur des ri- « ches, le desir des pauvres, evenement inevitable, « incertaine peregrinacion, larronnesse des hommes, « fuyte de vie, depart des vivans et resolucion de « toutes choses, que pourray je dire à mon ordre « contre toy, qui par violent sang me as substraict « mon amy, meurdy mon espoux, separé de moy toute « joye, et faict approche de toute angoisse et eternel « desconfort ? Tu es la seule cause dont dorenavent « je auray pour unanime compaignée triste solitude ; « pour consolatif mariage, desolée viduité ; pour con- « nubiaux ambrassemens, visions nocturnes et lamyes ; « pour amoureulx baisiers, lamentables souspirs ; pour « gracieux regards, fluctuemens de larmes ; pour « honnestes propos., inconsolables regretz ; et pour « solacieuses pensées, inquietes cogitacions. Qu'on ne

« parle de la perfection des bons maryz, desquelz il est
« le paragont et la fine perle, pour en avoir perpetuelle
« louange. »

Toutes ces lamentacions et aultres semblables faisoit
ceste bonne et saige dame, dont je laisse le long escripre
pour le doubte d'ennuy ; et pense que de son secret
deuil eust esté oultragée, ne fust le secours du seigneur
de La Tremoille, son beaupere, lequel, ung moys ou
deux apres les tristes funerailles de son filz, neantmoins riches et pompeuses, vinst veoyr les deux de-
sollées espouses à Thouars. Je laisse la pompe des
obseques qui furent faictz sans rien y preterir, ainsi qu'il
appartenoit, à grans fraiz et mises, et parleray seullement d'ung brief epitaphe pour la perpetuelle memoyre
de ce jeune prince, qui est cestuy :

Force de corps, hardiesse de cueur,
Le hault vouloyr d'estre nommé vainqueur,
Le grant desir d'estre au Roy secourable,
Et le vouloyr d'impugner la rigueur
Des rebellans non craignant la vigueur,
M'ont mis au ranc d'honneur inextimable,
Par fin honneste aux nobles desirable,
En surmontant Souysses ahontez :
Apres soixante et deux coups, mort plorable
A Marignan me fut inexorable,
Quant mil cinq cens quinze ans furent comptez.

Le Roy laissa gouverneur à Milan messire Charles
de Bourbon, lors connestable de France, qui si bien
exercea sa charge, que les Milannoys monstrerent leur
obeissance promise contre leurs voluntez jusques en
l'an 1521, comme nous verrons cy apres.

Ledict seigneur de La Tremoille, aprés avoir accompaigné le Roy jusques à Lyon (son congié prins),

alla veoyr, comme j'ay dict, les deux dames desolées
que plus il amoit, pour les conforter, lesquelles actendoyent son desiré retour à Thouars. Leur rencontre
fut à la porte de dueil, parée de pleurs, et d'une part
et d'autre furent acompaignez de gemissemens et regretz, pour le contrepoix des joyeux festins du passé.
Et, combien que la dame de La Tremoille dissimulast
et couvrist sa douleur de face joyeuse, neantmoins
tout le faix des tristes pensemens que tous ensemble
avoyent, demoura sur son cueur, et fut tousjours
acompaigné de ses secretes angoisses, voyre fut la contenance de sa tristesse si longuement en son povoyr,
qu'on ne la povoyt amollir, dont en son cueur se engendra une mortelle apostume non curable par veue
d'amys, lecture de histoyres, passetemps de gens
joyeux, concionnations, ne aultres humains ne spiri-
tuelz remedes. Et, l'esprit fatigué des ennuytz qu'il
enduroit pour la guerre que raison avoit jour et nuyt
contre charnelle amour en la region de son entendement, laissa le corps attenué et au lict, malade, certain
peu de temps apres le despart du seigneur de La Tremoille, qui contrainct, par redoublement de postes, se
retirer en son gouvernement de Bourgongne.

Une lente fievre, acompaignée de mortelle langueur,
empira le mal de la dame de La Tremoille, et par legieres assaillies la conduyrent en decepvant les medecins, jusques au pas de la mort, dont ledit seigneur
de La Tremoille son espoux fut asseuré par sa lectre,
non escripte de sa main comme elle avoit acoustumé,
mais du secretaire; et aussi en fut adverty par les medecins. A ceste cause son partir fut soudain, et sa compaignée laissée, fors de troys gentilz hommes, vinst en

poste à Thouars, où trouva la certitude de la nouvelle
qui si tost l'avoit faict venir ; et, sans changer de vestemens ne faire aultre acte, voulut aller veoyr celle que
tant amoit ; mais, avant que entrer (la compaignée
de larmes, qui dés son partement de Bourgongne l'avoit
tousjours conduict, laissée à la porte de sa chambre),
para de facialle joye la tristesse de son cueur, et à son
espouse au lict couchée donna le gracieux bon soir,
qui fut par elle humblement accepté, et par ung vehe-
ment souspir rendu, luy disant : « Ah! Monsieur, l'heure
« de vostre venue par moy tant desirée m'a esté fort
« longue, doubtant, pour la presse de mon mal, jamais
« ne vous veoyr, et ne vous povoyr dire le dernier à Dieu
« avant que mourir. — Vous n'en estes pas là, dist
« ledict seigneur, j'espere, on cas que vouldrez mettre
« peine à chasser de vostre esprit les mortelles tris-
« tesses que trop y avez gardées, que aisement retour-
« nerez à vostre premiere santé. —La chose n'est pos-
« sible, dist elle, quant à nature ; et si resjouyssement
« povoyt estre le medecin de mon mal, vostre seul
« regarder le gueriroit comme la chose du monde qui
« plus me plaist ; mais je suis au periode de ma mor-
« telle vie, et au terme constitué que je ne puis preterir
« ne passer sans mort. Noz corps seront pour ung
« temps esloignez ; je vous prie que noustre chaste
« amour soit perpetuelle en vostre souvenir, et que
« ayez eternelle memoyre de celle qui vous a tousjours
« esté fidelle amye et compaigne. — Madame, dist le-
« dict seigneur, si lascheté n'occupoit le mien cueur par
« troublement de sens, je ne vous sçauroys oublier,
« car loyaulté, benignité, amour, honnesteté et bonté,
« m'en solliciteront assez, et sçay que j'en auray per-

« petuellement les uimbres davant les yeulx de mon
« espryt, qui ne me laisseront sans triste regret, si je
« vous pers ; ce que je n'espere, mais que guerirez, si
« voulez ouster de vostre esprit toutes ces tristes pen-
« sées, et que, pour amender le mien failli, vivrons
« encores trente ans ensemble. »

Toutes ces consolacions et aultres semblables luy
donnoit ledict seigneur, et chascun jour la visitoit
cinq ou six foiz, jusques à la piteuse journée de son
trespas, que, apres son testament faict par l'auctorité
dudict seigneur, congnoissant que l'heure de son deffi-
nement approchoit, luy dist : « Monsieur, il y a trente
« troys ans, peu plus ou peu moins, que la loy de
« mariage nous lya, et honneste amour assembla noz
« cueurs, et en fist une volunté ; je vous rendy du
« fruict de ceste alliance ung seul filz, ouquel Dieu
« et nature mirent tant de bien, que le deces d'icel-
« luy m'a mise en l'estat où me voyez, non du tout
« par ma coulpe, car, pour resister à ma douleur, je
« me suis de raison aydée autant que mon petit sens
« l'a peu faire ; mais la sensualité, contre mon vou-
« loyr, s'en est tant contristée que mon pauvre enten-
« dement, las de ces fascheries, en a laissé tout le faix
« en mon debille corps, qui plus ne le peult porter,
« dont je rends graces à Dieu, le priant me pardonner
« le deffault de raisonnable pascience. La journée pour
« davant Dieu comparoyr et luy rendre compte, est
« venue, qui me faict trembler et fremir, pensant que,
« par le tesmoygnage de la saincte Escripture, à peine
« pourra le juste estre saulvé. Toutesfoiz, armée de
« foy, considerant que Dieu est tout puissant, j'espere
« que son infaillible sapience aura, par son incompre-

« hensible bonté et charité, pitié de moy, sa pauvre
« creature, de laquelle il congnoist l'ignorance et
« fragilité, non par mes operacions, mais par le me-
« rite de la mort et passion de son eternel filz Jhesus,
« nostre saulveur et redempteur, et par les merites et
« prieres de madame Marie sa mere.

« Et parce que à noz espousailles, prins de vous
« l'anneau de la connexité de noz cueurs, par sa rondeur
« signiffiée, laquelle doit estre entiere sans aulcune
« corruption, comme demonstre la purité de l'or, je
« le vous rends non viollé, macullé, ne corrumpu des
« vices à conjugalle chasteté contraires. Je n'ay me-
« moyre d'avoir faict chose qui vous deust desplaire,
« ne que mon vouloyr ayt esté contraire à vostre bonne
« volunté, mais, par deue obeissance, me suis tousjours
« efforcée de vous complaire. Toutesfoiz en si longues
« années seroit difficile n'y avoir en quelque chose failly ;
« à ceste consideracion, monsieur, vous supplie me
« pardonner ces faultes. Je vous laisse le vif image de
« nostre filz, c'est nostre jeune enfant Françoys, pour
« le reste de tout ce qui vous pourra consoller. Il est
« de cler engin et facilles meurs, et ne tiendra que à
« bonne conduicte s'il n'a toutes les graces de son pere.
« je m'extimeroys eureuse si plus grant fruict de nostre
« sang je vous laissoys ; mais, apres mon deces, si
« voyez que la necessité le requiere, pourrez avoir
« aultre espouse, qui sera plus jeune que moy, pour
« vous donner plus grant lignée, à ce que vostre re-
« doubtable et bien extimé nom soit perpetué; et pour
« le dernier à Dieu je vous recommande mon ame. »

Ce piteux congié prins, la bonne dame tourna les
yeulx vers le ciel, en disant assez hault le commance-

ment de ce pseaulme *In te Domine speravi,* puis demanda l'extreme unction, qu'elle receut, et incontinant apres rendit l'ame à Dieu, le derrier jour de novembre l'an 1516; et ledict seigneur de La Tremoille, qui ne peult veoyr la fin de toutes ces tristes choses, se retyra en une aultre chambre, où en se desconfortant disoit :

« O infortuné accident, inconvenient non precogité,
« malheur non pourpensé, procedans de la subtilité
« du penetrant engin d'une des meilleures dames du
« monde ! que à ma volunté son esprit n'eust esté de
« si agu sentement, et n'eust si subtillement apprehendé la perte receue en la mort de nostre filz ! O
« famelicque et aveuglée mort ! pourquoy n'as tu
« esté contante du filz sans la mere ? A l'ung et l'autre
« nature avoit ordonné plus long vivre que à moy, et,
« me laissant proche de vieillesse, a prins ceulx aus-
« quelz tard mourir m'eust donné le long vivre. J'ay
« l'ung perdu par glayve, l'autre par douleur, et je
« me perdray par angoisse, puis que j'ay la compai-
« gnée perdue de deux amateurs de vertuz, ennemys
« de vices, serviteurs de Dieu, mespriseurs du foul
« monde, louhez des bons, crains des maulvaiz, re-
« verez des grans, aymez des pauvres, et par admira-
« cion extimez dignes de tout honneur. »

Aultres grans regretz fist ledict seigneur, que je n'es-criptz pour obvier à la despense du temps ; et, retour-nant à ladicte dame, je n'oublieray sa tres louable mort, portant tesmoygnage de sa saincte vie, car onc dame ne mourut en plus grant foy, en plus fervente charité et humilité, ne en meilleure esperance, sur la mort et passion de nostre Seigneur Jhesucrist fondée. Aussi avoit elle tousjours esté de ces troys vertuz acompaignée, et des vertuz moralles bien enseignée. Onc ne voulut faire chose concernant la civillité sans asseuré conseil. Sa prudence mesuroit tous les temps, en sorte que le passé donnoit ordre au present et advenir, et le present regardoit le futur, lequel moderoit le present. Sa force ne l'avoit onc laissée, fors à la mort de son filz : car au reste n'eust onc une seulle suspeçon de pusillanimité. Sa temperance estoit si grant, que, par jeunesse ne aultrement, ne fist onc chose suspeçonneuse de lascivité ; mais fut tousjours si pudicque, que les lascivieux craignoyent le regard de ses chastes yeulx. Ses funereuses pompes furent faictes en son eglise Nostre-Dame de Thouars.

CHAPITRE XXIX.

Le seigneur de La Tremoille est amoureux pour honneur de la duchesse de Valentinoys, et l'espouse.

Le seigneur de La Tremoille s'acquicta tresbien, et diligemment, en l'acompliment des ordonnances testamentaires de son espouse, et fut son deul si grant, qu'il ne prenoit repos asseuré, ne consolacion pour laquelle il peust l'exces de ses soupirs moderer. Toutes les damoiselles de la dame trespassée estoient de larmes tainctes, jusques à mescongnoistre de primeface visaiges et personnes, et la maison pleine de regretz, qui avoit habondé en passetemps honnestes; on n'y parloit que de piteuses et tristes choses. La mort, cause de tout ce desordre, avec dueil, regret, ennuy, tristesse, chagrin, et angoisse, vouloient (pour parachever le maleur de ceste maison) abbatre et aterrer ledit seigneur de La Tremoille, chief d'icelle, lequel n'y povoyt si virillement resister qu'il eust faict en sa florissant jeunesse, car jà passoit l'aage de cinquante trois ans. Or, luy estant ainsi mal traicté et en dangier de mort, le Roy (comme Dieu voulut) le manda pour aller à sa Court à Bloys, où, au grant regret de laisser son dangier, se transporta, et de Bloys à Paris, avec le Roy, la Royne, madame la Regente, mere du Roy, et autres grans princes, pour recepvoir l'ambassade du roy des Rommains et du roy d'Espaigne.

Trois ans apres, tant remonstrerent au seigneur de La Tremoille ses amys, qu'il estoit encores en sa corporelle force, combien qu'il eust cinquante six ans, et que n'avoir qu'un seul heritier, c'estoit n'en point avoir, qu'il consentist à demander la jeune duchesse de Valentinoys. Il luy escrivist. La duchesse ne reculla la main de l'epistre, mais en benigne simplicité la prinst et leut tout au long, et respondit : « Madame la Regente, « mere du Roy, qui de sa grace tient le lieu de mes « feuz pere et mere, a mon vouloyr entre ses mains, et « de son simple commandement viendra prompte « obeissance. »

Restoit encore le bon plaisir de madame la Regente, sans laquelle on n'eust peu le periode de ceste alliance trouver : et pour l'entendre est à considerer que ceste jeune duchesse, nommée Loyse, estoit seulle fille et heritiere du duc de Valentinoys, et d'une fille de la tresnoble et illustre maison d'Allebret ; lequel duc estoit extraict de la ▓▓▓le et ancienne lignée des Borgias d'Espaigne, comme recite Anthonius Sabelicus,

et vinst en France au commancement du regne du roy
Loys XII, pour les factions qui furent en Italie entre
luy et les Ursins; et certain temps apres ledit roy Loys
le maria avec ladicte fille d'Allebret, de laquelle il eut
ladite dame Loyse : puis decederent, savoir est ledit
duc le premier, et laisserent icelle Loyse, leur seulle
fille et heritiere, de laquelle madicte dame la Regente
prinst le gouvernement.

On se pourroit esbayr commant ledict seigneur de
La Tremoille, qui estoit homme prudent et riche, ne
gectoit sa fantasie sur aultre dame, non si jeune que ladicte duchesse; car assez en y avoit en France, belles,
riches et de bon renom, tant veufves que aultres, qui
n'avoient onc experimenté les doulceurs de mariage.
J'ay sceu par sa bouche que deux choses le mouvoyent :
l'une qu'il ne vouloit espouser femme veufve, l'autre
qu'il n'en congnoissoit en Court qui fust à luy plus
agreable, ne qui mieulx approchast au jugement de sa
fantasie, et sçavoit que en la race d'Allebret toutes
les femmes et filles ont eu et gardé sans maculle l'honneur et tiltre de chasteté et pudicité; et, par la longue
et honneste frequentacion qu'il avoit eue avec ceste
jeune duchesse, congnoissoit quelle estoit humble sans
rusticité, grave sans orgueil, benigne sans sotie, affable sans trop grant familiarité, devote sans ypocrisie,
joyeuse sans follye, bien parlant sans fard de langaige,
liberalle sans prodigalité, et prudente sans presumption, et finablement qu'elle estoit en l'aage pour
avoir lignée, qui estoit l'ung des plus grans desirs dudict seigneur; parce qu'il n'avoit que ung seul heritier.
Et combien que ledict seigneur fust plus de cinquante
ans, toutesfoiz estoit tant en la grace de nature, qu'il

sembloit bien n'en avoir quarante cinq. Aussi les ans
ne font les gens vielz totallement, mais l'imperfection
de leurs complexions. Or fist tant de demarches envers
madame la Regente, le seigneur de La Tremoille, que
la consummacion du tant desiré mariage d'icelluy seigneur avec ladicte duchesse fut faict à Paris.

~~~~~~

CHAPITRE XXX.

Commant monsieur Françoys de La Tremoille, prin-
ce de Thalemont, espousa madame Anne de Laval;
et des guerres que le roy de France eut en Picar-
die, où il envoya son lieutenant general, le seigneur
de La Tremoille.

COMBIEN que, par le jugement des hommes, ceste
jeune duchesse fust bien disposée et organisée de tous
ses membres, et ledict seigneur de La Tremoille en
disposicion convenable pour luy faire des enfans,
neantmoins dame nature ne peut estre la maistresse
sur la divine providence, qui avoit reservé l'entiere
succession dudict seigneur à monsieur Françoys, filz
unicque du seul filz d'icelluy seigneur de La Tremoille, occis à Saincte Brigide, comme dict est. A ceste
consideracion, et qu'en luy fust si noble generacion
perpetuée, ledit seigneur de La Tremoille, son ayeul,
se fist enquerir, partout le royaume, de quelque dame
propre et pareille audict jeune seigneur, qu'on appelle le
prince de Thalemont, et de laquelle il peust avoir lignée
bien tost : car, considerant la variacion des choses hu-

maines en la petite et incertaine actende des jeunes hommes, dont la mort ravist en plus grant nombre que de vielz, doubtoit fort le mourir et la perte de ce jeune prince. Or fist tant qu'il apporta la volunté d'une jeune dame, pareille audit prince en aage, en lignage, en meurs, et à generacion bien disposée : c'estoit madame Anne de Laval (1), fille et heritiere du seigneur de Laval, l'une des anciennes et illustres maisons de Bretaigne et qui plus a duré sans mutacion, et de la princesse de Tharente; laquelle madame Anne fut conjoincte par mariage avec ce jeune prince, troys ou quatre ans après les secondes nopces dudict seigneur de La Tremoille.

L'union de ces deux illustres personnes fut acomplie de toutes les choses qu'on pourroit desirer, tant en biens, en meurs, que en toutes aultres choses de perfection d'esprit; et, s'il estoit permis de dire au long les louanges des vivans, je diroys et escriroys sans mentir que, aux parolles et faictz de ce jeune prince, et à l'exercice de son grant et facil engin, on le peult extimer estre en l'advenir une perle en la maison de France, et une reserve de bon et asseuré conseil, sans lequel on ne devra faire ne excecuter aulcune bonne entreprinse. Et au regard de madite dame son espouse, elle est acomplie de toutes les bonnes graces qu'on pourroit en une parfaicte dame choysir : il n'est rien

(1) *Anne de Laval* : Anne de Laval étoit fille de Charlotte, princesse de Tarente, fille-unique de Frédéric d'Arragon, roi de Naples. Elle épousa en 1521 le jeune prince de Talmont : cette alliance est le fondement des droits que la maison de La Trémouille a depuis fait valoir sur le royaume de Naples, droits qui out été reconnus dans plusieurs traités.

plus beau, plus humble, plus noble, plus mansuet,
plus affable, plus gracieux, plus begnin, plus saige
ne plus religieux : laquelle, au desir dudit seigneur.
de La Tremoille, eut, à la fin du premier an de ses
espousailles, ung beau filz, qui est le plus grant bien
que l'ayeul et le pere eussent peu en ce monde avoir.

Environ ce temps, Charles, roy d'Espaigne, esleu
empereur, et Henry, roy d'Angleterre, son beau frere,
commancerent à manifester et monstrer les envies par
eulx long temps auparavant conspirées contre la prosperité du royaulme de France et des Françoys : et, nonobstant l'aliance qui avoit esté faicte on triumphant festin
d'Ardre, entre lesdicts roys de France et d'Angleterre,
où ilz s'estoient veuz, entreprindrent faire la guerre
aux Françoys ; sçavoir est, ledict roy d'Espaigne, à Mo-
zon et Mezieres, par le secours d'aulcuns Allemans,
Namuroys et Hennuyers, tousjours rebelles à la couronne de France, où peu gaignerent ; car le roy de
France en eut la victoire, par le secours des princes
et bons capitaines de France, et, entre aultres, messire
Pierre Terrail, qu'on appelloit le capitaine Bayart,
homme hardy et prudent en guerre, qui sceut bien garder Mezieres ; Monmoreau, lequel y mourut par inconvenient de maladie, en la fleur de son aage, et d'aultres
plusieurs. Ceste guerre, faicte sans propos, et en hayne
de messire Robert de La Marche, tenant le party du
roy de France, fut sans fruict d'une part et d'aultre,
et avec grant dommage ; car les Alemans mirent à
feu et sang plusieurs bourgs et villages de la Picardie ;
et autant ou plus en firent les Françoys en Henault. Et
peu de temps apres le roy de France, sans faire bruyt,
feit assaillir et prendre sur le roy d'Espaigne la ville de

Fonterabie, par messire Guillaume Gouffier, admiral
de France; et, adverty que les Anglois vouloient descendre en la Piccardie, y envoia ledit seigneur de La
Tremoille, pour donner secours au duc de Vendosme,
gouverneur dudit pays; et eulx deux ensemble pourveurent tresbien aux affaires dudit pays, et avec les
garnisons avitaillerent, par trois ou quatre foiz, Therouenne; ce qui depuis n'a esté fait sans grosse assemblée de gens, ne sans plus grans fraiz et mises. Comme
on fasoit toutes ces choses en Picardie, furent apportées nouvelles au roy de France, lors estant à Paris,
que les Alemans fasoient grosse assemblée pour venir
en Bourgongne de par le roy d'Espaigne; parquoy le
Roy manda ledict seigneur de La Tremoille aller vers
luy, lequel il trouva à Paris; et delà le Roy l'envoia en
Bourgongne, à diligence, pour donner ordre audit
pays. Les Alemans, certains de sa venue, et de l'ordre
qu'il avoit jà mis pour les recevoir, laisserent leur entré-
prise sans effect, et donnerent roupture à leur voiage:
mais les Anglois, sachans que ledit seigneur de La
Tremoille n'estoit plus en Picardie, acompaignez des
Flamens et Hennuyers, y entrerent en 1522, et as-
siegerent la ville de Hedin. Pour ceste cause le Roy
manda ledit seigneur à diligence, et luy donna chargé
de aller secourir ledict duc de Vendosme ondict pays
de Picardie: aussi y envoia messeigneurs les mareschaux
de Foix et Montmorancy, le seigneur de Mezieres et
le seigneur Federic de Bauge, avec leurs bandes; mais,
sceu par les Anglois, Hennuyers et Flamens, leur venue, eulx retirerent bien tost, sans auser les actendre.

Ondit temps, le Roy droissoit une aultre armée fort
belle et grosse, pour aller en Italie recouvrir la ville

de Milan, laquelle le seigneur de Lauctrect, qui en estoit gouverneur pour le Roy, avoit esté contrainct laisser par faulte de secours; mais, avant que le faire, voulut bien donner ordre à son royaume; et, luy estant à Sainct Germayn en Laye, prés Paris, manda audict seigneur de La Tremoille, estant en Bourgongne, se trouver vers luy, ce qu'il fist, et luy dist : « Monseigneur « de La Tremoille, vous voiez les affaires de mon « royaume, et le tour qu'on m'a fait à Milan où je suis « deliberé aller : mais je ne sçay que, moy party de ce « pays, les Angloys, Hennuyers et Flammans s'effor- « ceront me faire ennuy et dommage on pays de Pi- « cardie ; et, adverty qu'ilz vous craignent, vous y « veulx envoier mon lieutenant general. — Sire, dist « ledit seigneur de La Tremoille, je suis tousjours « prest vous obeir ; toutesfoiz je me deporterois vo- « luntiers de ceste charge, si vous plaisoit m'en « bailler une aultre, parce qu'elle pourroit desplaire « à monsieur de Vendosme, gouverneur dudit pays, « lequel est ung prince hardy, prudent et loyal ; et, « tant à cause de son auctorité que par son sens, saura « tresbien resister à voz ennemys; et voluntiers soubz « sa charge vous y feray le service auquel je suis tenu. « — Et si mon cousin le duc de Vendosme vous en « prie, dist le Roy, le ferez-vous ? — Sire, dist ledict sei- « gneur, vous sçavez que mon vouloyr a tousjours esté, « est et sera entre voz mains et en vostre puissance. »

Lesdicts duc de Vendosme et seigneur de La Tre- moille parlerent ensemble de ceste matiere, et, à sa requeste, ledict seigneur accepta ladicte charge de lieutenant general oudit pays de Picardie ; et luy bailla le Roy cinq cens hommes d'armes, dont les

14.

bandes n'estoyent completes, et dix mil hommes de pié des gens du pays, qui n'avoyent jamais veu de là guerre et ne faisoyent que saillir de la charrue.

Le Roy prinst le chemin de Lyon pour aller en Italie, et passa par Moulins en Bourbonnoys, où lors estoit malade messire Charles de Bourbon, connestable de France. Et, apres avoir parlé ensemble dudit voyage, le Roy, suyvant son chemin, arriva bientost à Lyon; et ledict messire Charles de Bourbon s'en alla au chasteau de Chantelles, qui est l'une des fortes places d'Aquitaine. Dix ou douze jours aprés on fist rapport au Roy que, s'il alloit delà les monts, ledict de Bourbon (soubz umbre qu'il estoit connestable de France) et aultres de sa faction et entreprinse, avoyent deliberé et conclud eulx emparer du royaulme de France, de monsieur le Daulphin, et des autres enfans du Roy, pour faire d'eulx et du royaulme à leur plaisir; dont il fut fort esbay et courroussé; et incontinant envoya gens à Chantelles pour prendre et luy amenner ledit de Bourbon, lequel, de ce adverty par aucuns de ses amys estans en la court du Roy, laissa Chantelles, et, avec ung de ses gentilz hommes, nommé Pomperant, et troys ou quatre aultres, se retira, à grant diligence par la comté de Bourgongne, en Austriche, vers ledict roy d'Espaigne, ennemy du roy de France.

Le seigneur de Sainct Vallier, l'evesque d'Authun, l'evesque du Puys et aultres, qu'on disoit estre de ladicte faction, furent prins prisonniers et envoyez au chasteau de Loches. Toutes lesquelles choses donnerent (non sans cause) roupture au voyage que le Roy avoit deliberé faire en Italie; et y envoya messire Guillaume Gouffier, admiral de France, son lieute-

nant general, avec son armée, qui estoit fort belle et
en bon ordre. Pour ces cas le Roy eut matiere d'avoir
en suspection grande les parens et alliez dudict duc
de Bourbon, et entre aultres ledict seigneur de La Tremoille, parce qu'il avoit esté marié en premieres nopces
avec feue madame Gabrielle de Bourbon, seur du pere
dudict messire Charles de Bourbon. Neantmoins n'eut
jamais aulcune deffiance d'icelluy de La Tremoille;
mais, l'advertissant dudict cas, luy recommanda sa
charge de lieutenant general en Picardie, en laquelle il
s'aquicta tresbien; car, dés ce que ledict seigneur eut
eu son expedicion du Roy pour ladicte charge, s'en alla
à Sainct Quentin en Vermandoys, où sejourna quelque
temps, actendant à venir sa gendarmerie, et aussi
qu'il estoit fort blecé de la cheute d'ung cheval tumbé
soubz luy.

De Sainct Quentin, ledit seigneur de La Tremoille,
demy guery dudict mal, s'en alla, tout le long de la frontiere, jusques à Boulongne sur la mer, puis s'en alla à
Monstereul, où il se tinst longuement, à la raison de ce
que c'estoit l'une des feubles villes du pays, et aussi craignoit, s'il en fust party, que ceulx qui estoyent ordonnez pour la garder en feissent difficulté, au moyen de
la grant mortalité de peste qui y estoit. Et, luy estant
là, le duc de Suffort, avec grosse armée d'Angloys, descendit ondit pays, et se vinst joindre au seigneur
d'Istam, lors lieutenant general du roy d'Espaigne.
Eulx assemblez avec leurs armées se trouverent jusques au nombre de trente six mil hommes de pié, et
six mil chevaulx, et une des plus belles bandes d'artillerie qu'on aye guieres veu en armée. Si prindrent
leur chemin droict à Boulongne; mais, sceu par eulx

le bon ordre que ledict seigneur de La Tremoille y
avoit mis, ne l'auzerent assaillir, et prindrent ung
petit chasteau qu'on n'avoit pourveu, parce qu'il n'estoit tenable. De là allerent passer davant Therouenne,
et furent troys ou quatre jours autour de la ville pour
l'assieger; ce que à la fin ne trouverent bon, car dedans estoit le capitaine Pierre Ponth, lieutenant du
duc de Lothraint, homme de grant hardiesse et saige
conduicte, qui fist plusieurs saillies sur eulx, à leur
dommage et perte.

De Therouenne les ennemys allerent à Dorlans, où
ilz furent douze ou treze jours sans approcher leur
artillerie, parce que en le cuydant faire on y avoit
occis tout plain de leurs gens, à coups de canon
d'ung chasteau de terre que avoit faict faire le seigneur
de Ponthderemy; et, au moyen de ce qu'il n'y avoit
assez gens dedans la ville de Dorlans pour la deffendre, ledict seigneur de La Tremoille y envoya deux
bandes et enseignes de gens de pié, lesquelz y entrerent de plain jour, à enseignes desployées, à la veue de
l'armée des ennemys; et, quant les ennemys partoyent
d'une place pour aller à l'autre, ledict seigneur de La
Tremoille estoit contrainct faire partir et aller toute
nuyt ceulx de la place que les ennemys avoyent habandonnée, pour eulx mettre en celle où ilz alloyent,
à la raison de ce qu'il n'avoit assez gens pour garder
si grant frontiere. Et alloit tousjours ledit seigneur, les
coustoyant pour donner ordre à tout. Il avoit si peu
de gens, qu'il n'eust sceu mettre aux champs à une
foiz plus de soixante hommes d'armes et mil hommes
de pié.

Au partir de Dorlans, les ennemys prindrent leur

chemin tout le long de la riviere de Somme, sans entrer au pays du Roy, jusques à tant qu'ilz allerent
davant la ville de Bray, laquelle ilz prindrent, parce
qu'elle n'estoit tenable : et, la riviere par eulx passée,
allerent à Roys et à Mondidier, qui sont deux petites
villes, lesquelles ilz prindrent, à la raison de ce qu'on
n'avoit gens ne monicions pour les pourveoyr. Or
fault entendre que, dés ce que les ennemys eurent
passé la riviere de Somme, ledict seigneur de La Tremoille envoya le comte de Dampmartin à Noyon,
qui assembla ce qu'il peult des gens du pays, et rempara
la ville à son possible, de sorte que les ennemys n'y
allerent. Aussi manda ledict seigneur de La Tremoille
à messieurs de la court de parlement, et citoyens de
Paris, qu'ilz envoyassent gens et artillerie le long de
la riviere de Marne; ce qu'ilz feirent. Et d'une aultre
part mist dedans la ville de Peronne les seigneurs de
Montmor, et de Humieres; et dedans Corbie, ledict
seigneur de Pontderemy, les vicomtes de Turenne et
Lavedent, et le seigneur de Rochebaron, avec leurs
bandes. Brief, ledict seigneur mist si bon ordre par
tout, que les ennemys, par faulte de vivres, furent
contraincts eulx retirer. Et, à leur retraicte, prindrent Beaurevoir et Bohamg; mais Beaurevoir fut incontinant reprins par ledict seigneur de Ponthderemy,
et Bohamg par ledict seigneur de La Tremoille, les
ennemys n'estans encores à six lieues loing des Françoys; parquoy ne leur demoura une seulle place dedans les terres du Roy; et si perdirent en eulx retirant
grant nombre de leurs gens; qui fut ung gros service
faict au Roy et au royaulme.

CHAPITRE XXXI.

Commant, apres ce que l'admiral de France fut re-
tourné de Milan, messire Charles de Bourbon
assiegea Marseille, dont fut chassé, et le siege levé
par le roy de France, qui suyvit ledict de Bourbon
jusques en Italie, où il assiegea la ville de Pavye.

Si les affaires de Italie se fussent aussi bien portez
que ceulx de la Picardie, le Roy et le royaulme de
France n'eussent eu les grans affaires depuis surve-
nuz; mais fortune fut contraire à l'admiral de France :
car il trouva Milan occupé et detenu par messire
Charles de Bourbon, comme lieutenant general du
roy d'Espaigne eleu empereur. Les armées furent
long temps l'une pres de l'autre, faisans tousjours
quelques saillies et courses, où plusieurs furent occis,
et encores plus de prisonniers prins, qu'on rendoit l'ung
pour l'aultre, selon la qualité des personnes, contre la
nature des François et Gaules, lesquelz, s'ilz ne donnent en collere et fureur, perdent leur force et hardiesse au dissimuler; et les Hispaniens et Italiens sont
au contraire, où les François devroient avoir l'œuil, et
ne alterer ne changer leurs anciennes meurs; car on
ne le peult faire ne se acoustumer à d'aultres, si l'on
ne change entierement de toutes condicions. Le dissi-
muller est bon à gens qui n'ont esté nourriz en leurs
aises, et qui sont coustumiers de longuement supporter le froit, le chault, la faim, la soif, le labeur du

harnoys, la pluye, le vent et aultres ennuytz de
guerre; mais ceulx qui ont leurs aises suyvyes, comme
les François, ne les peuvent par long temps supporter
sans malladie ou diminucion de force et hardiesse. Le
seigneur de La Tremoille a esté par aucuns blasmé
de trop grant promptitude; mais non par gens congnoissans la nature des Gaules et François. Et si tous
les chiefz de guerre françois eussent fait comme luy,
peut estre que l'yssue de leurs charges eust esté meilleure et plus avantageuse qu'elle n'a.

Or les Françoys, ennuyez d'estre si longuement aux
champs, sans donner fin à leur entreprinse, aprés la
prinse de Rebet, prindrent conseil d'eulx retirer en
France, et se mirent au chemin en assez bon ordre.
Les adversaires les suyvoient, soubz la conduicte de
messire Charles de Bourbon, et se rencontrerent, où
il y éut quelques gens occis d'une part et d'autre,
et mesment messire Pierre Terrail, natif du Daulphiné, qu'on appelloit le capitaine Bayard, d'un coup
de hacquebute à crochet; qui fut groz dommage, car,
en parlant de l'excellence des bons capitaines, il ne
doit estre mis hors du ranc, mais en lieu evident, pour
ses memorables faiz et gestes, et pour les bons services par luy faiz aux roys de France, tant au Ga-
rillan, recouvrement de Gennes, prinse de Bresse,
que à la garde de Mezieres. Aussi fut à ceste suyte
frappé d'un coup de hacquebute le seigneur de Vaudenesse, frere du mareschal de Chabannes, dont il
mourut certain temps aprés : et en cest estat les François retournerent en France.

Ceste retraicte, faicte à bonne cause, augmenta fort le
credit de messire Charles de Bourbon envers le roy d'Es-

paigne empereur, par l'ayde duquel bien tost apres
descendit, avec grosse armée, en la comté de Provence,
où il disoit avoir droit, ne sçay à quel titre ; et alla mectre le siege davant la ville de Marseille, en laquelle
estoient messire Phelippes Chabot, seigneur de Brion,
le seigneur Rances et aultres bons capitaines, qui l'a-
voient tresbien fortiffiée et pourveue. Le Roy prinst
deliberation de aller lever ce siege, et manda ledict
seigneur de La Tremoille, lors estant en Bourgongne,
se trouver à Lyon, ce qu'il feit ; et alla avec le
Roy jusques à Tournon, par la riviere du Rosne, où le
Roy fut adverty le legat d'Avignon n'avoir voulu
mectre la ville d'Avignon entre les mains de messire
Jacques de Chabannes, seigneur de La Palice, mareschal de France, et lors lieutenant general pour le Roy
en ceste expedition ; parquoy envoia ledict seigneur
de La Tremoille vers ledict legat, et avec lúy les
seigneurs d'Aubigny, de Florenges et Mezieres, pour
l'acompaigner. Eulx, arrivez en ladicte ville d'Avignon, y trouverent ledict mareschal de Chabanes et
le duc de Longueville, qui n'avoient les clefz d'une
seule porte. Mais, dés ce que ledict seigneur de La
Tremoille eut parlé audit legat, toutes les clefz de ladicte ville furent mises entre ses mains, et fut baillée
la garde d'icelle ville audict seigneur d'Aubigny, sans
laquelle l'armée du Roy estoit en dangier, à la raison de ce que par ladicte ville on povoit avoir vivres
et secours.

Le mareschal de Chabannes, lieutenant general pour
le Roy, s'en alla loger au camp, et demoura ledict
seigneur de La Tremoille en ladicte ville, jusques à la
venue du Roy ; incontinant aprés que le Roy fut en

ladicte ville, le camp des François, où se retira ledict
seigneur de La Tremoille, marcha jusques à Cavallon.
Ledict mareschal de Chabannes mennoit l'avantgarde,
et ledict seigneur de La Tremoille la bataille, acten-
dans le Roy à venir d'Avignon. Messire Charles de
Bourbon, adverty de la presence du Roy et du bon
ordre qui estoit en son armée, voiant qu'il ne pourroit acquerir honneur ne proffit en son entreprinse,
ne faire dommage à la ville de Marseille, par luy assiegée, leva son siege et se retira diligemment en Italie, non sans perte de son artillerie et de quelque nombre de ses gens. Le Roy, suyvant son armée, se trouva
en icelle le jour qu'elle avoit passé la riviere de la Durance, à gué, par miracle, ce qu'on n'avoit oncques veu;
et, à la raison de ce que ses ennemys s'estoient jà trop
esloignez, alla à Aix en Provence : où fut mis en deliberacion s'il devoit suyvir la promesse de sa fortune, et
passer les mons avec son armée, dont il avoit bon vouloir pour plusieurs consideracions; l'une qu'il avoit
grosse armée, mesmement de Italiens et avanturiers de
France, qui avoient fort endommagé son royaume, et
que, si plus les retenoit, en paracheveroient la ruyne;
parquoy necessaire estoit les envoier ailleurs, ce qu'il
pourroit honnestement faire, faisant guerre en Italie;
l'aultre, que son armée estoit en bonne ordre et preste
à marcher; et l'aultre, que ses gensd'armes avoyent bon
vouloyr d'y aller pourveu qu'il y allast, aussi que sa
presence croystroit le cueur et courage de la gendarmerie. Pour toutes lesquelles causes et aultres, le Roy,
par la deliberacion de son conseil, entreprinst le voyage
et fist marcher son armée soubz la conduycte dudict mareschal de Chabannes, par ung chemin; et, quant à luy

et sa compaignée, allerent par une aultre voye, de laquelle compaignée estoit ledit seigneur de La Tremoille.

Les mons passez et la riviere du Thizin, le Roy alla loger à Biagras, où il eut nouvelles certaines que ledict de Bourbon et l'armée du roy d'Espaigne estoyent dedans Milan; sur quoy y eut plusieurs deliberacions, si l'on devoit assieger la ville de Milan, ou non; et, suyvant la meilleure, le Roy y envoya le marquis de Saluces pour faire ung essay, et ledict seigneur de La Tremoille aprés luy, lequel eut nouvelles certaines au chemin, comme ledict marquis avoit prins ladicte ville, et que les ennemys s'estoyent retyrez ailleurs; ce qu'il ne voulut si facillement croyre; et y alla, pour en sçavoir la verité, puis retourna soudain vers le Roy, pour luy en dire ce qui en estoit. Il trouva le Roy on chemin, lequel le renvoya, son lieutenant general en ladicte ville de Milan, le penultieme jour d'octobre l'an 1524. Et apres, luy envoya le comte de Sainct Paul, le seigneur de Vaudemont, le mareschal de Foix et le seigneur Theolde de Trevolth.

Ledict seigneur de La Tremoille fortiffia la ville de Milan, au mieulx qu'il peult, de tranchées et rempars, entre le chasteau et la ville, à ce que les ennemys, qui encores tenoyent le chasteau, ne feissent quelques surprises ou saillies sur ceulx de la ville; et y demoura ledict seigneur jusques au quart jour de fevrier prochain ensuyvant.

De l'aultre part, le Roy assiegea la ville de Pavye, et y fist droisser son camp, aussi bien equippé qu'on en veit onc. Ledit camp fut assis davant le chasteau et ville de Pavye, et partie on parc, où y avoit une

maison appellée Myrabel, que les Françoys gaignerent, par le moyen de laquelle, et d'une breche qu'ilz
feirent en la muraille dudict parc, avoyent vivres sans
dangier.

Ceulx du dedans de Pavye, dont messire Anthoyne
de Leyve, chevalier vaillant et hardy, estoit chief
et capitaine, s'estoient tresbien fortiffiez, et la ville
bien garnye de vivres et municions, pour la tenir long
temps contre le Roy. Souvent faisoient des saillies sur
noz gens, non sans perte d'une part et d'autre; et y furent les Souysses quelque foiz endommagez; ilz fasoient
bon guet, et avoient tousjours l'œuil sur ceulx qui al-
loient visiter les rempars et tranchées du camp du Roy;
où monsieur Claude d'Orleans, duc de Longueville,
prince jeune et hardy, fut occis en l'aage de seize ans,
d'un coup de hacquebute, par ung de ceulx du chasteau, dont le Roy fut fort desplaisant. Tous les jours
le camp du Roy endommageoit les adversaires, et
baptoit la ville et le chasteau de toutes pars; et trouva
moien le Roy de faire divertir le cours de la riviere
du Thizin, à ce qu'elle ne passast plus par ladicte
ville, qui ne fut sans grans peine, fraiz et mises. Et
parce que l'armée françoise estoit fort grant, et que le
Roy trouva, par conseil, qu'il povoit sans dangier en
envoier partie ailleurs, pour amuser le grant nombre
de Hispaniens estans à Naples, et empescher qu'ilz
ne vinssent au secours de Pavye, le Roy y envoia
le duc d'Albanye, avec quatre cens lances et six mille
hommes de pié, lesquelz passerent jusques à Romme.
Le Roy se tinst tousjours au camp et siege, où il feit tout
ce que ung bon chief de guerre pourroit et devroit faire
tant aux vivres, paiement de ses gensd'armes, que

bonne police : et si par foiz l'argent ou les vivres estoient retardez, consolloit ses gensd'armes, leur remons-
trant qu'il enduroit comme eulx ; et quant aucun estoit malade, le visitoit, et faisoit mediciner et penser,
monstrant par effect qu'il amoit sa gendarmerie, sans
toutesfoiz aucune chose diminuer de sa magesté et
auctorité envers les desobeissans, contre lesquelz usoit
de la severité de justice, ainsi que la chose le requeroit,
sans aucune crudelité. Et avec ce, entretenoit, par grant
faveur, les capitaines et chiefz des bendes desquelles il
pensoit avoir plus de service, monstrant avoir singuliere fiance en icelles ; voire de sorte que ceulx des
aultres bendes estoient conviez et excitez à surmonter
la bande favorisée, plus par bon service, en espoir de
recompense, que de celle faveur, parce que la faveur estoit en bonne raison fondée, à l'exemple de
Julius Cesar, qui monstroit par signes de faveur avoir
plus de asseurance en la diziesme legion de ses gens-
d'armes que aux aultres.

Comme on fasoit toutes ces choses, ledict seigneur
de La Tremoille, estant lieutenant general pour le
Roy à Milan, se porta si tres bien en sa charge, que
les ennemys n'en approcherent, et ne luy feirent dommage ; où feit si grosse despense de ses propres deniers que plusieurs foiz fut contrainct envoier querir
grans sommes d'or et d'argent à sa maison ; et, la
derniere foiz, qui fut au moys de janvier dudit an 1524,
madame son espouse, pour luy donner quelque consolation en ses labeurs, par ceulx qui luy porterent
grosse somme d'escutz au souleil, à Milan, luy envoia
une amoureuse epistre, et luy une à elle.

CHAPITRE XXXII.

Commant le seigneur de La Tremoille fut occis à la journée de Pavye.

La lettre du seigneur de La Tremoille rapporta grant joye à madame son espouse ; mais, avant cinq sepmaines passées, ceste consolacion tourna en merveilleuse tristesse, pour les choses qui depuis advindrent en Italie : car, comme le Roy tenoit Pavye assiegée, messire Charles de Bourbon, lieutenant general de l'armée de l'Empereur, roy d'Espaigne, assembla grosse armée de Alemans, Bourgongnons, Austrasiens, Artisiens, Hennuyers, Brebançons, Hispaniens, Italiens, et quelques aultres gens de France, en nombre excedant l'armée du Roy, qui estoit fort affeublie, à la raison de ce que plusieurs gentilz hommes non stipendiez estoyent retournez malades en France, aultres estoyent mors, et aultres avoyent laissé le siege, par l'ennuy des pluyes et froidures qu'ilz avoyent supportées par quatre moys ou environ, on temps d'automne et d'yver, aussi que le Roy avoit envoyé à Naples quatre cens lances et six mil hommes de pié, comme nous avons veu cy dessus. Et au commancement du moys de fevrier dudit an 1524, ledit messire Charles de Bourbon, le viroy de Naples, et le marquis de Pesquère, assemblèrent leurs gens en la ville de Lode, et y droisserent leur armée, puis sortirent aux champs, deliberez de trouver les moyens d'entrer en Pavye, dont ilz furent repoussez par les Françoys ; et,

suyvans leur chemin, assaillirent le chasteau Sainct
Ange, qui fut par eulx prins, et vingt deux Italiens estans au service du Roy, dont les six estoyent de la
maison de Gouzaga, puis allerent loger à la veue du
camp de France, et au derriere du fort d'icelluy.

Le Roy manda le seigneur de La Tremoille et aultres
seigneurs estans en la ville de Milan, qui vindrent au
camp de France, fors le seigneur Theolde de Trevol, qui
demoura pour la garde de ladicte ville : et arriverent
audict camp, le 4 fevrier, avec leurs bandes, qu'il
faisoit bon veoyr. En ce temps cuiderent avoir la bataille, et ainsi le conseilloit ledit seigneur de La Tremoille, parce que lors les gensd'armes de France
estoyent fort deliberez et en meilleur ordre que les
ennemys, qui eust esté le meilleur pour les Françoys,
parce que voluntiers sont plus fors en la première
poincte. Mais aultres capitaines ne furent de cest advis,
disans que les ennemys ne les ouseroyent assaillir à
leur fort, et que longuement ne pourroyent entretenir
leur camp, et seroyent contraincts rompre leur armée,
à la raison de ce qu'ilz estoyent mal pourveuz de vivres et argent, et que, par ces moyens, viendroit le
Roy à chief de son entreprinse; pour lesquelles raisons, qui avoyent bonne apparance, ne sortirent pour
lors : et furent ainsi l'ung camp pres de l'autre, environ quinze jours ou troys sepmaines, faisans escar-
mouches et saillies, et aussi ceulx de Pavye, qui ne fut
sans perte de gens d'une part et d'aultre.

Tous les jours la compaignée de l'armée imperialle
croissoit, et ne passoit guieres nuyt qu'il n'y eust
alarme. Les bons capitaines et gens de bien, durant
ce temps, eurent tousjours le harnoys sur le doz, et

entre.aultres ledit seigneur de La Tremoille, qui ne le laissa onc, fors pour changer de chemise : souvent predisoit une partie du desordre qui depuis advinst : mais, sans avoir regard au passé, aulcuns jeunes gens-d'armes prenoyent le present pour resverie, et l'adve-nir en presumption. Le Roy se acquitoit autant bien que fist onc Cesar en ses conquestes, et voyant la guerre subjecte à fortune, pour empescher que les cueurs d'aucuns de son armée ne affeublissent, et que hardiesse ne tournast en doubteuse suspeçon, aul-cunesfoiz les persuadoit et excitoit au bien faire, par telles ou semblables parolles.

Persuasion du Roy à ses gensd'armes, davant Pavye.

« Si la force de noz ennemys n'avoit esté par vous et voz peres experimentée, mes loyaux chevalliers et gensd'armes, je m'efforceroys vous exhorter à har-diesse; mais la noblesse de voz cueurs et voz expe-riences congneues contantent mon esprit, et asseurent mon espoyr de future victoyre. Vous ne ignorez noz adversaires estre Hyspaniens, Saxons, Brebançons, Hennuyers, Artisiens, Sequanoys et Lombars; et que les Visgotz (desquelz les Hyspaniens se gloriffient estre yssuz) ont esté, long temps a, vaincuz par les Françoys, et Clovis, leur premier roy crestien, voyre chassez d'Aquitaine en Espaigne; où depuis, par plusieurs batailles, ont esté guerroyez et vaincuz par les roys Clotaire, premier de ce nom, Sigibert, Chilperic et aultres roys mes predecesseurs; comme aussi furent apres eulx les Sarrazins, occupateurs de leurs terres et agresseurs d'Acquitaine, desquelz furent occis, avec

leur roy Abidran (1), jusques au nombre de troys
cens quatre vingts mil, pres Tours, par les Françoys
et Charles Martel, lors grant maistre de la maison de
France, leur chief et principal conducteur; et encores
depuis par Charlemaigne, par le roy Charles V, et par
vous et voz peres de fresche memoyre, à Ravanne.

« Aussi peu devez craindre les Saxons de ancien-
neté rebelles à la couronne de France, et plusieurs-
foiz subjuguez par les Françoys, durans les regnes desdictz Clovis et Clotaire, et par Clotaire second, qui,
leur pays subjugué, fist mettre à mort tous les hommes
et enfans adultes passans en grandeur la longueur de
son espée. Charlemaigne douze foiz les subjuga, et par
douze batailles qui furent entre eulx par la faction et
desobeissance de messire Regnaud de Montauban et
ses trois freres, enfans du duc Hemon, qu'on appelle
vulgairement les quatre filz Hemon; et finablement,
pour avoir perpetuelle paix, Charlemaigne fut contrainct faire venir une partie de ce rebelle peuple en
France, cuidant leur faire laisser leurs maulvaises
meurs, et leur bailla pour demourance la fourest Cher-
bonniere, en la Gaule Belgicque, dont Landric fut le
premier fourestier; et depuis a esté ce pays erigé en
comté, appelée la comté de Flandres, tenue de moy
en perrie, et tousjours rebelle, par la malice des habitans tant de foiz deffaiz en leur injustice, mesment
par le roy Phelipes le Bel.

« Si bien rememorez les nobles gestes et faiz de
noz peres, ne craindrez les Sequanois, c'est à dire,
Bourgongnons de la Franche-Comté, et aussi peu les
Hennuyers, Artisiens, Austrasiens et Brebançons, tant

(1) *Abidran* : Abderame.

de foiz vaincuz par les roys de France, et premierement
par le roy Clovis et ses enfans, qui les soubmirent à la
couronne et ceptre de France, et de recente memoïre
par le roy Loys XI de ce nom. Et pour le reste, qui
sont les Italiens ou Lombars, nul de vous ignore comme
leur royaume de Lombardie fut autresfoiz supprimé
par Charlemaigne, lequel le reunist à la monarchie
des Gaules, dont il estoit yssu, parce que les Gaules
furent de ce pays edificateurs : à cause de ce, fut
appellée la Gaule Cisalpine, depuis Lombardie, et de
present Italie. Et de recente memoire le roy Loys XII,
mon beau pere et predecesseur, les a surmontez et
vaincuz par trois ou quatre batailles, dont tousjours il
a eu la gloire et triumphe, et moy avec vous à la
journée Saincte Brigide.

« Puis donc que par tant de batailles, desquelles les
François et Gaules ont eu la gloire, toutes ces belliqueu-
ses nations ont esté par les nostres surmontées, vous qui
ne voulez degenerer, ne deshereder voz successeurs de
l'immortel nom de prouesse avec tant de labeurs par
voz peres acquis, je vous supply que voz cueurs ne se
amolissent, voz courages ne se rabaissent, et voz corps
et mains ne se excusent à humilier ceulx qui, par orgueil et injuste querelle, nous veullent adnichiller.
Considerez les agressions de noz adversaires, qui n'est
ung spectacle, mais ymage de nostre presente fortune. Le lieutenant de leur armée, que congnoissez,
est hors d'espoyr, et avanture sont sort à sa totale
ruyne ou à nostre deshonneur, reproche et perte. Il
seroit joyeux nous mettre en fuyte, bien adverty que
ceste lascheté tourneroit à nostre generalle intericion,
et que le fuyr occiroit plus de gens par mort et deshon-

15.

neur que l'obstinacion du combatre ; car, d'ung cousté,
nous avons la grosse riviere du Thizin et les Alpes
qui nous renferment, et de l'autre cousté, l'Ytalie, qui
tousjours sera contre les vaincuz.

« A ceste consideracion, nous convient vaincre ou
mourir. Toutesfoiz fortune, qui nous impose ceste necessité de combatre, nous promect des loyers telz
que plus grans on ne sçauroit à Dieu demander : c'est
la paisible seigneurie et possession de tout ce riche
pays, qui à juste tiltre me appartient, et le recouvrement du royaulme de Secille et pays de Naples, pour
vous remonter de voz pertes et anciens labeurs ; voycy
la premiacion de voz merites, et la fin de voz travaulx.
Et si le nom d'empereur est grant, et le nombre des
gens de son armée excedant le nostre, pourtant ne
extimez la victoyre en estre difficille. Souvent une petite compaignée de gens de vertuz mesprisée deffait et
ruyne en ung legier mouvement ung grant et pre-
sumptueux exercice. Vous sçavez le presage de bonne
fortune que nous eusmes au passer la grosse et pro-
funde riviere de la Durance, qui fut par nous passée
à gué, contre nostre espoir. Je ne voy chose de louange
en noz ennemys, qui ne soit mieulx et par plus grant
excellence en vous ; et si ont ung chief extrange, non
congnoissant leurs meurs et condicions, et mal congneu
par eulx : et je, qui suis voustre roy, juge et premiateur
de voz merites, congnoissant voz condicions, et vous
les miennes, me semble impossible que soyons vaincuz. Je veulx mourir avec vous, pour le proffit de
vous, voz enfans, et vostre pays. Je vous prie que ne
fuyez la mort, pour l'amour que avez à moy, et encores
plus à vostre honneur et de voz heritiers.

« Considerez combien seroit grant et long le reproche de ceulx qui vouldroyent tourner le doz, et
combien leur ennuyroit et à leurs enfans le reproche
de lascheté ; et au contraire, en quel degré de louange
seront les victorieux et combatans jusques à la mort,
et tous ceulx de leur sang et lignage. D'icy à cent ans,
les gens en feront leurs comptes, à bien ou à mal, et
les livres en porteront perpetuel tesmoygnage. Chan-
geons la convoytise de vivre en l'avarice d'honneur,
prenons le desir de noz vies en mourant, et reffusons la
vie des corps tant petite, pour acquerir celle de immortel renom. Je ne vous dy ces raisons pour vous
instruyre, croistre voz forces, ne encourager voz nobles et hardiz cueurs, mais pour contanter le mien
esprit, qui ne vous peult celler son desir de victoyre,
pour aux guerres de Italie, trente ans a commancées,
mettre fin. Chascun se tienne en son ordre, et obeïsse
à son capitaine, et j'espere que, par l'ayde de celluy
qui donne les victoyres, quant et à qui luy plaist,
viendrons au parfaict de nostre entreprinse. »

Ces remonstrances et persuasions entrerent es cueurs
des nobles et hardiz hommes, de sorte que tous estoyent deliberez de vaincre ou mourir. Et, voyans les
capitaines de l'Empereur que fortune commançoit leur
rire et estre pour eulx, desprisans les dangiers de
guerre, delibererent tous ensemble, ainsi qu'on m'a
rapporté, entrer on parc de Pavye, et gaigner la place
de Myrambel, où estoit logée partie de l'armée de
France, pour empescher que les Françoys n'eussent
vivres à leur ayse, comme ilz avoyent tousjours eu, et,
en ce faisant, essayer s'ilz pourroyent les surprendre et
mettre en desordre; et que, pour à ce parvenir en mesme
temps, messire Anthoyne de Leyve, chief et capitaine

de Pavye, donneroit de l'autre cousté sur les Françoys : ce qu'ilz ne povoyent mettre à effect sans faire breiche à la muraille du parc de Pavye, parce qu'ilz s'estoyent parquez derriere les Françoys, et que entre eulx et les Françoys estoyent les fors de leurs camps. A ceste cause, suyvans leur deliberacion et entreprinse, le vingt-quatriesme (1) jour du moys de febvrier, deux heures davant jour, une partie de l'armée de l'Empereur, soubz la conduycte du marquis de Pesquere, commença rompre et faire breiche en ladicte muraille du parc de Pavye, avec gros solyveaulx embourrez, à ce qu'on n'en peust ouyr le bruyt; et ladite nuyt y eut en l'armée des Françoys quatre ou cinq alarmes. Ceste breiche, pour passer cent hommes de front, fut faicte à si grant labeur et difficulté, que le jour vinst avant le parfaire; en sorte que l'ordre par ledict marquis et autres capitaines de l'Empereur, entrepriz pour donner de nuyt et gaigner la place de Myrambel, estant presque on millieu dudict parc de Pavye, ne peult avoir effect.

Ce neantmoins l'armée de l'Empereur entra par ladicte breiche, fort large et ample, oudict parc, où fut le combat des deux armées plus conduyct par fortune que par art. J'ay prins peine de sçavoir l'ordre et la forme de ceste bataille, avec plusieurs qui en sont à leur honneur retournez; mais de quinze ou seize avec lesquelz j'en ay conferé, deux ne se sont accordez de la forme du faire en entrée, meillieu et yssue, et n'en ay voulu prendre le jugement par la description que les Hispaniens en ont faicte en leur vulgaire, obstant qu'il y a plus de parolle affectée, que de verité historialle. A ceste consideracion, prie les lecteurs me pardonner

---

(1) L'assaut de Payie est du 28 février.

si, voulant eviter l'occasion de mentir, j'ay retyré ma
plume d'en escripre plus avant : mais il est certain que
les Françoys eurent du pire, plus par maleur que par la
proesse et bonne conduicte de noz ennemys; car, par ce
que eulx mesmes en ont escript, le confessent, et que
en leur armée y eut du desordre premier que en
la nostre ; aussi, leurs hacquebuttes à crochet, que
portoyent gens de cheval (dont les Françoys ne se
doubtoyent), endommagerent plus les Françoys, que
leur proesse et vaillance : et si tous ceulx de l'armée
françoyse se fussent aussi bien acquitez que le Roy
et que les princes, capitaines et gentilz hommes,
estans au tour de sa personne, eussent eu la victoyre ;
car, à la premiere charge où estoyent le Roy et ledict
seigneur de La Tremoille, lequel fut blecé par le visaige, prés et dessoubz l'oeuil, feirent tant de beaulx et
grans faictz d'armes, que, à force de coups et par proesse,
sans artillerie, occirent deux ou troys cens hommes
d'armes des ennemys ; de sorte que le viroy de Naples
entra en esbayssement, ainsi qu'on m'a rapporté. Incontinant aprés, ledict seigneur de La Tremoille fut
rencontré par messire Loys Bonnyn, chevallier, seigneur du Cluzeau, Jaques de La Brosse, escuyer,
gentilz hommes de sa maison, et Jehan du Bour-
get, homme d'armes, qui l'avoit autresfoiz servy. Et
voyant ledict Bonnyn le cheval dudict seigneur de La
Tremoille estre blecé à mort, le pria de descendre ;
ce qu'il fist ; et lors ledict de La Brosse, qui avoit esté
nourry page en la maison dudit seigneur, se mist à
pié, luy bailla son cheval, et s'en alla mettre avec les
Souysses. Ledit seigneur de La Tremoille, monsté sur
le cheval dudict La Brosse, s'en alla, et ledict Bonnyn
avec luy, au lieu où estoit le Roy : et là, environné

des ennemys, fut abatu mort d'ung coup de hacque-
bouze. Plusieurs de ses gens furent aussi occis en ce
conflict : savoir est de sa compaignée, messire Jehan
de Jancourt, chevalier seigneur de Vilarnou, son
porte-enseigne; messire Jaques de Salezart, Jehan
Jousserant, seigneur de Layre, Marçon, Le Breton,
Arras et aultres; et des gentilz hommes de sa maison
qu'il avoit nourriz jeunes, Jehan de Poix, filz aisné du
seigneur de Villemor, le filz aisné de messire Odet de
Chazerat, chevalier, le filz unicque de messire Jehan de
Poix, chevalier, et Adam du Ravenel, frere puisné du
seigneur de La Riviere. Et y fut blecé Claude de
Cravant, escuyer, frere puisné du seigneur de Banche;
et prins prisonniers ledict Bonnyn, et messire Georges
de Charge, chevalier, lesquelz, et le frere puisné du
seigneur de Roncée, qui aussi fut prisonnier, ame-
nerent depuis le corps dudict feu seigneur leur maistre,
en France.

Le Roy fist vaillamment en ce combat; et, apres avoir
chocqué domp Ferrand de Castrionte, auquel donna
ung grant coup par le visaige, et que son cheval eut
esté occis entre ses jambes, fut prins, non deffendu
des siens; comme aussi furent le roy de Navarre,
le comte de Sainct Paul, François monseigneur de
Saluces, le comte de Nevers, le prince de Thalemont, filz dudict seigneur de La Tremoille, le bastard de Savoye, grant-maistre de France, et son
filz le seigneur de Lescun, mareschal de Foex; le
mareschal de Montmorancy, le vidasme de Chartres,
le seigneur de Boysi, le seigneur Galliace Vicomte, le
gouverneur de Limousin, Bonneval, messire Phelippes
Chabot, seigneur de Brion; le prince de La Roche-sur-
Yon, et aultres plusieurs. Les gens de nom du party de

France qui furent occis en la bataille, oultre ledict seigneur de La Tremoïlle, sont le duc de Suffort, de la maison d'Yort, qui querelloit le royaulme d'Angleterre contre le roy Henry VIII de ce nom, de la maison de Lenclastre; Françoys monsieur, frere du duc de Lorraine ; messire Jaques de Chabannes, chevalier de l'ordre, seigneur de La Palice, et mareschal de France, l'ung des hardiz et vaillans capitaines qui fust en France ; messire Guillaume Gouffier, seigneur de Bonnyvet, admiral de France ; le seigneur de Bussy d'Ambayse, le seigneur de Morete, le capitaine Federic Cataigne, le comte de Tonnerre, nepveu dudict seigneur de La Tremoille ; le seigneur de Turnon, le grant escuyer de France, l'escuyer Maraffin, et autres, dont les ennemys ne doivent prendre gloire, car la pluspart d'iceulx furent occis par les hacquebouziers, qui estoient gens montez sur cropes de chevaulx legiers, chargez de hacquebutes à crochet, dont les Crestiens ne devroient user, fors contre les Infideles. Les corps desdictz princes et seigneurs occis furent, par leurs serviteurs, quis entre les mors; et, pour y estre congneu, ledict seigneur de La Tremoille (qui disoit souvent ne vouloir mourir ailleurs que au lict d'honneur, c'est à dire au service du Roy en juste guerre) avoit laissé croistre dés longtemps l'ongle du groz orteil du pié droit. Apres ces nobles corps trouvez furent par leurs serviteurs portez és eglises de Pavye, où furent nudz sur la terre par quelque peu de temps, pendant lequel on preparoit les coffres et ferctres pour les confire en myerre et aloes, et les transporter en France.

Les serviteurs des occis feirent regretz et complainctées sur les corps nudz de leurs maistres, lesquelz ilz feirent embasmer en coffres ; et, sans rien obmectre

des pompes funereuses à telz personnages deues, les
feirent transporter en France, chacun d'eulx à la principalle eglise de leurs seigneuries ; et on moys d'avril
ensuyvant, de l'an 1525, les obseques dudict seigneur
de La Tremoille furent solempnellement et honnorablement faictes, en son eglise collegialle Nostre
Dame de Thouars, qu'il avoit nouvellement ediffiée,
fondée et dotée ; et fut mis en sa sepulture, pres de
son espouse, madame Gabrielle de Bourbon, et de
monsieur Charles, leur filz. Les honneurs qu'on a
acoustumé faire en obseques de comtes, princes,
chevaliers et chiefz de guerre, luy furent baillez,
comme bien le meritant, tant pour son honnorable et
droicte vie que pour ses nobles faictz et gestes.

Le jour de son enterrement (1), vers le soir, furent
apportées nouvelles certaines que monsieur le prince
de Thalemont, son nepveu, c'est à dire filz de son
filz, et son heritier unicque, estoit de retour à Lyon,
avec madame la Regente, mere du Roy ; lequel retour
donna quelque consolation aux habitans de Thouars,
et à tous les serviteurs de la maison dudict feu seigneur,
qui fasoient ung merveilleux deul de leur feu seigneur et maistre, et non sans cause, car ce fut l'un
des bons seigneurs qu'on veit onc, et qui mieulx traicta
ses subgectz, sans leur faire aucun tort en biens, en
corps ne en renommée ; il estoit nect de toutes les ma-
culles de tyrannie, et decoré de toutes les meurs que
doit avoir ung prince ; et, combien que, pour les laborieux services qu'il avoit faiz, par le temps de quarante cinq ans, à la couronne de France, il se deust

---

(1) *Le jour de son enterrement :* l'auteur ne parle pas des regrets de la
eune épouse de La Trémouille, probablement parce qu'elle se remaria
bientôt avec Philippe de Bourbon, baron de Busset.

estre enrichy d'ung milion d'or, veu le grant revenu
qu'il avoit à cause de ses parens, qui estoit de trente
cinq ou quarante mil livres de rente, et les pensions
des gouvernement de Bourgongne, admiraulté de
Guyenne, et aultres estatz qu'il eut en la maison de
France : neantmoins on ne luy trouva que bien peu
d'argent contant, et si n'avoit fait aucuns ediffices, fors la
structure de son eglise Nostre Dame, qui est fort sumptueuse et magnifique; aussi n'avoit acquis, fors la
seigneurie de Montagu, dont encores bailla pour recompense, avec quelque somme de deniers, les seigneuries de Puybeliart et Chantonay, qui estoient de
son ancien patrimoine.

Il despendoit non-seulement ses gages et pensions,
mais aussi tout son revenu, au service du Roy et de la
chose publicque, et non ailleurs; car il ne feit onc de
despence prodigue, mais tousjours honneste et honnourable, à la raison de son povoir; qui est une chose digne
de grant louange aux princes et seigneurs, quant,
oublieux de leurs privées richesses, applicquent tout ce
qu'ilz font au proffit public, et ament mieulx souvent
endurer que de veoir le pauvre peuple piller. Par telz
moiens, et aussi pour sa grant loyaulté et fidelité qu'il
eut tousjours aux roys et à la maison de France, et parce
qu'il fut pur et nect de toute tyrennie, concussion et
pillerie, a eu pour la retribucion ou loyer de si bonnes
euvres, le tiltre et nom de *chevalier sans reproche.*
La chose que plus craignoit, c'estoit d'offenser le Roy
et le royaume : toutesfoiz aucuns ne trouvoient bon
dont il se rendoit si tressubgect à la chambre du
Roy, et qu'il ne monstroit assez son auctorité et magnificence. Il estoit humain, humble et familier, et l'un
des plus veritables en ses parolles de consequence, que

je congneu onc; car il eust mieulx amé perdre tout son
bien que avoir dit une parolle de consequence contraire
à sa pensée. C'estoit le prince qui savoit bien actendre
le temps sans murmure; et changeoit incontinant ses
conditions, selon la disposition du temps, sans vouloir, par envie ne aultrement, detracter de ceulx qui
souvent le vouloient supplanter et surprendre sur son
auctorité. Il n'estoit importun ne pressant en re-
questes de dons d'offices, pour luy ne pour les siens,
dont aucuns de ses serviteurs estoient aucunesfoiz
mal contans; mais il repondoit qu'il avoit de quoy
les recompenser, et que les roys qu'il avoit serviz
congnoissoient les merites des hommes, pour selon
iceulx les remunerer. Ses obseques faictes, fut ceste
epitaphe atachée dans sa seigneurie de Sully :

> Au lict d'honneur il a perdu la vie
> Le bon Loys Tremoille cy gisant,
> On dur conflict qui fut davant Pavye,
> Entre Espaignolz et François par envie ;
> Dont son renom est en tous lieux luysant.
> Il n'eust voulu mourir en languissant
> En sa maison, ne soubz obscure roche,
> De lacheté, comme il alloit disant ;
> Pource est nommé *Chevalier sans reproche.*

*Cy finist le Chevalier sans reproche, composé par
maistre Jehan Bouchet, procureur es cours royalles
de Poictiers, imprimé par Jaques Bouchet, demou-
rant audict Poictiers, à la Celle. Et se vendent en
la boutique dudict Bouchet et au Pellican, pres le
palais. Et fut achevé le vingt-huictiesme jour de
mars 1527.*

TABLE DES MATIÈRES,

CONTENUES DANS CE VOLUME.

FIN DE LA TABLE.